한자와 영어 어휘를 동시에 익히는

문해력 쑥쑥

어휘력

3

헤르몬
HERMONHOUSE

우리 아이에게
"문해력쑥쑥"이
필요한 이유

입시에서 논술형과 서술형 평가가 강조되는 상황 속에서 우리 아이들에게 필요한 핵심 역량은 무엇일까요?

그것은 바로 '문해력'입니다.

문해력은 글을 읽고 이해하는 것에서 나아가 자신의 생각과 의견을 논리적으로 표현하는데 꼭 필요한 능력입니다. 이는 기본적인 어휘력을 바탕으로 이해력, 독해력, 사고력, 논리력 등을 모두 포함합니다.

특히, 우리 아이들이 공부를 어려워하는 이유 중 하나는 한자어로 이뤄진 '어휘' 때문인데요.

어휘를 익힐 때 한자의 기본적인 뜻을 알면, 쉽게 이해할 수 있습니다.

하지만 평소 한자의 뜻까지 생각하며 어휘를 익힐 기회가 없지요.

그래서 한자의 본래 뜻을 함께 익히는 방법을 고민한 끝에,

일상에서 자주 접하는 90개 소재를 바탕으로 이 책을 기획하게 되었습니다.

우리 아이에게
"문해력쑥쑥"이
특별한 이유

단순 한자어뿐만 아니라 관련 한자 성어를 함께 익히면

풍부한 어휘력과 표현력을 기를 수 있다고 생각했습니다.

그래서 이 책에서는 **한자어(360개)와 한자 성어(270개)**를 제시하고 있습니다.

또한, 한자 학습을 하면서 한글과 영어를 함께 익힐 수 있도록 구성했습니다.

고로 한자, 영어, 우리말을 동시에 배울 수 있는 1석 3조의 효과를 얻을 수 있습니다.

그리고 무엇보다 어휘 공부는 습관 형성이 중요하기에

1, 2, 3권 각각 30일동안 꾸준히 매일 학습할 수 있도록 구성했습니다.

하루에 딱 10분 정도만 투자해서 공부하는 습관을 만들고 이어가길 응원합니다.

이 책의 차례

13 경제와 비즈니스 (Economy & Business)

		한자어	한자성어	
61	직업(Job)	직장, 취업, 이직, 천직	면종복배, 무소불능, 매관매직	9
62	소비(Consumption)	절약, 지출, 낭비, 예산	근검절약, 견물생심, 황금만능	13
63	기업(Company)	경영, 사업, 경쟁, 자본	전화위복, 권토중래, 수처작주	17
64	투자(Investment)	주식, 거래, 수익, 손실	승승장구, 타산지석, 부화뇌동	21
65	무역(Trade)	계약, 수출, 관세, 통관	문호개방, 이소역대, 매점매석	25

14 사회 문제 (Social Issues)

		한자어	한자성어	
66	빈곤(Poverty)	결핍, 노숙, 기아, 부족	호구지책, 무의무탁, 궁부자존	29
67	복지(Welfare)	주거, 노인, 아동, 후원	장유유서, 무사안일, 인재등용	33
68	인권(Human Right)	존엄, 복지, 자립, 박해	천부인권, 무불간섭, 자유재량	37
69	범죄(Crime)	법률, 처벌, 범인, 수사	공명정대, 유전무죄, 일망타진	41
70	차별(Discrimination)	제한, 편견, 소외, 배제	천차만별, 내소외친, 고립무원	45

15 기술과 혁신 (Technology & Innovation)

		한자어	한자성어	
71	기술(Technology)	창출, 혁신, 개발, 공학	격세지감, 천기누설, 극악무도	49
72	발명(Invention)	구상, 기술, 특허, 창안	천의무봉, 변화무쌍, 막상막하	53
73	컴퓨터와 인공지능(Computer & Artificial Intelligence)	분석, 응용, 발달, 설계	속전속결, 일신월성, 박학다재	57
74	스마트폰과 인터넷 (Smartphone & Internet)	제작, 개통, 연결, 편의	각자도생, 무도지인, 유언비어	61
75	가상 및 증강현실 (Virtual & Augmented Reality)	창조, 도입, 혁명, 초월	전도유망, 천변만화, 십인십색	65

16 언어와 커뮤니케이션 (Language & Communication)

		한자어	한자성어	
76	언어(Language)	발음, 방언, 교환, 사전	언중유골, 일언지하, 촌철살인	69
77	대화(Conversation)	화제, 설문, 회의, 발언	자문자답, 동문서답, 불문가지	73
78	쓰기(Writing)	필기, 작문, 논술, 요약	일필휘지, 거두절미, 능문능필	77
79	듣기(Listening)	청각, 음성, 청취, 음향	세이공청, 충언역이, 청이불문	81
80	읽기(Reading)	어휘, 문해, 음독, 요점	위편삼절, 독서삼여, 독서백편	85

17 개인 발전 (Personal Growth)

		한자어	한자성어	
81	목표 설정(Goal Setting)	도전, 계획, 의도, 단계	명명백백, 지성감천, 초지일관	89
82	성과(Achievement)	성취, 완수, 실현, 결실	고진감래, 마부위침, 정신일도	93
83	변화(Change)	감화, 진보, 적응, 개선	일신우일신, 환골탈태, 대기만성	97
84	자기 계발(Self-Development)	노력, 의지, 훈련, 성숙	분골쇄신, 자강불식, 근신수양	101
85	시간 관리(Time Management)	일정, 준비, 효율, 집중	점입가경, 함흥차사, 일각천금	105

18 철학과 윤리 (Philosophy & Ethics)

		한자어	한자성어	
86	도덕(Morality)	예의, 겸손, 공경, 효도	대의명분, 극기복례, 겸양지덕	109
87	선과 악(Good & Evil)	선행, 악의, 사악, 인자	살신성인, 구밀복검, 개과천선	113
88	진리(Truth)	진가, 자명, 순리, 불변	만고불변, 당연지사, 명약관화	117
89	책임(Responsibility)	사명, 책무, 담당, 부담	임전무퇴, 책기지심, 선패유기	121
90	삶의 의미(Meaning of Life)	인생, 역경, 운명, 공존	생사고락, 인사유명, 이청득심	125

| 부록 | 문해력 쑥쑥 (어휘편 ③) | | | 129 |

이 책의 구성과 특징

① 개념 설명

유닛별 해당하는 개념을 간략히 소개하고, 당일 학습할 한자어와 한자성어를 제시합니다.

② 한자어 학습

1번은 한자어의 기본적인 음과 뜻을 살펴보며, 영어 단어와 뜻을 비교하는 문항입니다. 기본 뜻이 중복되거나 이해하기 어려운 경우 해당 어휘를 설명하는 뜻을 추가로 적어두었습니다. 2번은 두 개의 한자어가 만들어낸 새로운 한자어를 제시하며 이와 뜻이 같은 영어 단어를 맞히는 문항입니다.

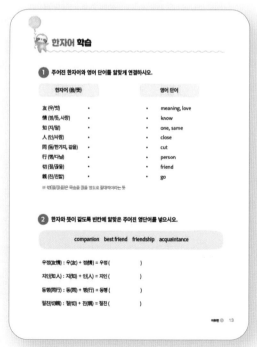

③ 한자 성어 학습

1번은 주어진 한자 성어와 영어(우리말) 설명을 확인하는 문항으로 구성하였습니다. 2번은 한자 성어의 뜻을 바탕으로 응용하여 제작된 새로운 문항으로 구성하였습니다.

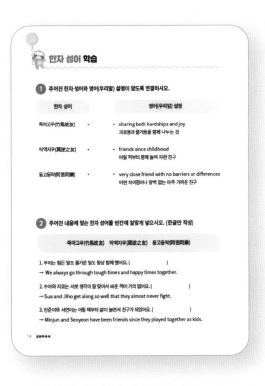

④ 정답

한자어와 한자 성어 해당 문항의 정답을 제시합니다.

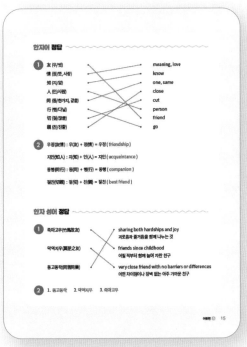

이 책의 구성과 특징

⑤ 부록

한자어와 한자 성어의 사전에 있는 기본 뜻을 제시합니다. 모르는 한자어나 한자 성어가 있는 경우 활용합니다. 교재에 있는 문제를 풀기 전에 미리 한번 읽어보면 도움이 됩니다.

---

❶ 가족(Family)

부모(父母) : 아버지와 어머니를 아울러 이르는 말.
형제(兄弟) : 형과 아우를 아울러 이르는 말. 형제와 자매, 남매를 통틀어 이르는 말.
자매(姉妹) : 언니와 여동생 사이를 이르는 말.
자녀(子女) : 아들과 딸을 아울러 이르는 말.
가화만사성(家和萬事成) : 집안이 화목하면 모든 일이 잘됨.
부전자전(父傳子傳) : 아들의 성격이나 생활 습관 따위가 아버지로부터 대물림된 것처럼 같거나 비슷함.
가부장제(家父長制) : 가부장이 가족에 대한 지배권을 행사하는 가족 형태. 또는 그런 지배 형태.

❷ 친구(Friend)

우정(友情) : 친구 사이의 정.
지인(知人) : 아는 사람.
동행(同行) : 같이 길을 감.
절친(切親) : 더할 나위 없이 친한 친구.
죽마고우(竹馬故友) : 어릴 때부터 같이 놀며 자란 벗.
막역지우(莫逆之友) : 허물이 없이 아주 친한 친구.
동고동락(同苦同樂) : 괴로움도 즐거움도 함께함.

❸ 인사(Greeting)

안녕(安寧) : 아무 탈 없이 편안함.
감사(感謝) : 고마움을 나타내는 인사.
환영(歡迎) : 오는 사람을 기쁜 마음으로 반갑게 맞음.
안부(安否) : 어떤 사람이 편안하게 잘 지내고 있는지 그렇지 아니한지에 대한 소식. 또는 그것을 전하거나 묻는 일.
감지덕지(感之德之) : 분에 넘치는 듯싶어 매우 고맙게 여기는 모양.
만사형통(萬事亨通) : 모든 것이 뜻대로 잘됨.
송구영신(送舊迎新) : 묵은해를 보내고 새해를 맞음.

130 문해력 쑥쑥

61 직업(Job)

직업(職業)이란 사람이 자신의 능력을 발휘하여 일정한 일이나 업무를 꾸준히 수행하고, 그 대가로 보수를 받는 활동을 말해요. 직업은 생계를 유지하는 중요한 수단일 뿐만 아니라 개인의 목표와 가치에 따라 다양한 역할을 수행하며, 사회에 기여하는 방법이기도 해요. 예를 들어, 교사는 학생들에게 지식을 가르쳐 성장하도록 돕고, 의사는 환자의 건강을 돌보며, 요리사는 맛있는 음식을 만들어 사람들에게 즐거움을 선사해요. 직업을 통해 우리는 자신의 꿈을 이루고, 다른 사람과 소통하며, 사회에서 의미 있는 역할을 할 수 있어요.

[**관련** 한자어]

직장(職場)   취업(就業)   이직(移職)   천직(天職)

[**관련** 한자 성어]

면종복배(面從腹背)   무소불능(無所不能)   매관매직(賣官賣職)

1 주어진 한자어와 영어 단어를 알맞게 연결하시오.

한자어 (음/뜻)		영어 단어
職 (직/직분)	•	• yard, place
場 (장/마당, 장소)	•	• go forward
就 (취/나아갈)	•	• move
業 (업/업, 직업)	•	• one's duty
移 (이/옮길)	•	• sky
天 (천/하늘)	•	• work, job

2 한자와 뜻이 같도록 빈칸에 알맞은 주어진 영단어를 넣으시오.

workplace   employment   changing jobs   vocation

직장(職場) : 직(職) + 장(場) = 직장 (   )

취업(就業) : 취(就) + 업(業) = 취업 (   )

이직(移職) : 이(移) + 직(職) = 이직 (   )

천직(天職) : 천(天) + 직(職) = 천직 (   )

한자 성어 학습

1 주어진 한자 성어와 영어(우리말) 설명이 맞도록 연결하시오.

한자 성어   영어(우리말) 설명

면종복배(面從腹背) •

• able to do anything
무엇이든 할 수 있는

무소불능(無所不能) •

• obeying outwardly, opposing inwardly
겉으로는 따르고 속으로는 거스름

매관매직(賣官賣職) •

• selling official positions and titles
관직과 직위를 파는 것

2 주어진 내용에 맞는 한자 성어를 빈칸에 알맞게 넣으시오. (한글만 작성)

면종복배(面從腹背)   무소불능(無所不能)   매관매직(賣官賣職)

1. 그 사람은 돈을 받고 높은 자리를 팔았어요. (   )

→ That person sold a high position for money.

2. 동훈이는 친구들 앞에서는 웃지만, 뒤에서는 안 좋은 이야기를 해요. (   )

→ Donghun smiles in front of his friends, but speaks badly behind their back.

3. 지민이는 뭐든지 할 수 있는 사람이 되고 싶어 해요! (   )

→ Jimin wants to be someone who can do anything!

한자어 정답

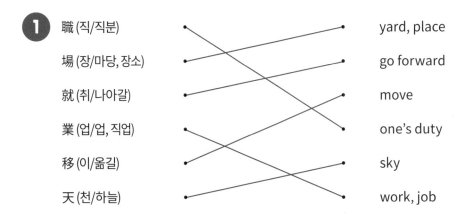

1
- 職 (직/직분) — work, job
- 場 (장/마당, 장소) — one's duty
- 就 (취/나아갈) — move
- 業 (업/업, 직업) — yard, place
- 移 (이/옮길) — go forward
- 天 (천/하늘) — sky

2
직장(職場) : 직(職) + 장(場) = 직장 (workplace)

취업(就業) : 취(就) + 업(業) = 취업 (employment)

이직(移職) : 이(移) + 직(職) = 이직 (changing jobs)

천직(天職) : 천(天) + 직(職) = 천직 (vocation)

한자 성어 정답

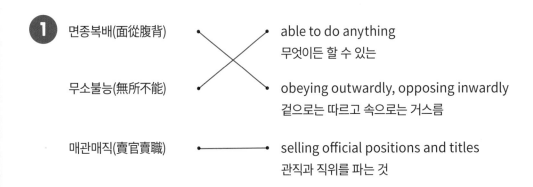

1
- 면종복배(面從腹背) — obeying outwardly, opposing inwardly
  겉으로는 따르고 속으로는 거스름
- 무소불능(無所不能) — able to do anything
  무엇이든 할 수 있는
- 매관매직(賣官賣職) — selling official positions and titles
  관직과 직위를 파는 것

2 1. 매관매직   2. 면종복배   3. 무소불능

62 소비 (Consumption)

소비(消費)란 우리가 필요하거나 원하는 물건이나 서비스를 구매하고 사용하는 활동을 말해요. 소비를 통해 우리는 음식, 옷, 책 등 필요한 물건을 사고, 영화 관람이나 놀이공원 방문 같은 경험을 즐길 수 있어요. 소비는 생활을 편리하게 해주고 즐거움을 주지만, 필요한 것만 현명하게 소비하는 습관도 중요해요.

[관련 한자어]

절약(節約)   지출(支出)   낭비(浪費)   예산(豫算)

[관련 한자 성어]

근검절약(勤儉節約)   견물생심(見物生心)   황금만능(黃金萬能)

한자어 학습

① 주어진 한자어와 영어 단어를 알맞게 연결하시오.

한자어 (음/뜻)	영어 단어

節 (절/마디)　　　·　　　　　·　　count

約 (약/맺을)　　　·　　　　　·　　beforehand

支 (지/지탱할)　　·　　　　　·　　consume

出 (출/날)　　　　·　　　　　·　　wave

浪 (낭/물결)　　　·　　　　　·　　exit

費 (비/쓸)　　　　·　　　　　·　　support

預 (예/미리)　　　·　　　　　·　　tie

算 (산/셈)　　　　·　　　　　·　　joint

※ 맺다 : 끈나풀, 실, 노끈 따위를 얽어 매듭을 만들다.

② 한자와 뜻이 같도록 빈칸에 알맞은 주어진 영단어를 넣으시오.

saving　budget　waste　spending

절약(節約) : 절(節) + 약(約) = 절약 (　　　　　　　)

지출(支出) : 지(支) + 출(出) = 지출 (　　　　　　　)

낭비(浪費) : 낭(浪) + 비(費) = 낭비 (　　　　　　　)

예산(豫算) : 예(豫) + 산(算) = 예산 (　　　　　　　)

한자 성어 학습

1 주어진 한자 성어와 영어(우리말) 설명이 맞도록 연결하시오.

한자 성어	영어(우리말) 설명

근검절약(勤儉節約) •

견물생심(見物生心) •

황금만능(黃金萬能) •

• saving money and living simply
돈을 아끼고 단순하게 삶

• Money can do anything.
돈으로 무엇이든 할 수 있다.

• Seeing something makes one want it.
어떤 것을 보면 그것을 원하게 된다.

2 주어진 내용에 맞는 한자 성어를 빈칸에 알맞게 넣으시오. (한글만 작성)

근검절약(勤儉節約)   견물생심(見物生心)   황금만능(黃金萬能)

1. 친구가 가지고 있는 새 장난감을 보니 나도 갖고 싶어졌어요. (   )

→ Seeing my friend's new toy made me want one, too.

2. 필요한 물건만 사고 용돈을 아껴 쓰고 있어요. (   )

→ I only buy what I need and save my allowance.

3. 돈이 있으면 뭐든지 할 수 있을 거로 생각했어요. (   )

→ I thought I could do anything if I had money.

한자어 정답 ~~~~~~~~~~~~~~~~~~~~~~~~~~~~~~~~~~~~~~

1

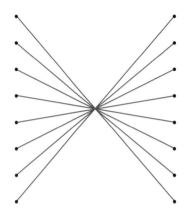

節 (절/마디)   count

約 (약/맺을)   beforehand

支 (지/지탱할)   consume

出 (출/날)   wave

浪 (낭/물결)   exit

費 (비/쓸)   support

預 (예/미리)   tie

算 (산/셈)   joint

2

절약(節約) : 절(節) + 약(約) = 절약 (saving)

지출(支出) : 지(支) + 출(出) = 지출 (spending)

낭비(浪費) : 낭(浪) + 비(費) = 낭비 (waste)

예산(豫算) : 예(豫) + 산(算) = 예산 (budget)

한자 성어 정답 ~~~~~~~~~~~~~~~~~~~~~~~~~~~~~~~~~~~~~~

1

근검절약(勤儉節約)   saving money and living simply
돈을 아끼고 단순하게 삶

견물생심(見物生心)   Money can do anything.
돈으로 무엇이든 할 수 있다.

황금만능(黃金萬能)   Seeing something makes one want it.
어떤 것을 보면 그것을 원하게 된다.

2   1. 견물생심   2. 근검절약   3. 황금만능

63 기업(Company)

기업(企業)이란 상품이나 서비스를 생산하고 제공하여 수익을 창출하는 조직이나 단체를 말해요. 기업을 통해 우리는 다양한 제품을 사고, 여러 서비스를 이용하며, 삶의 질을 높일 수 있어요. 기업은 작은 가게에 서부터 큰 글로벌 회사까지 다양한 형태로 존재하고, 사람들에게 일자리를 제공하기도 해요. 기업은 사회에 필요한 가치를 창출하며, 경제 성장을 이루고, 사람들의 생활을 편리하게 만드는 중요한 역할을 해요.

[관련 한자어]

경영(經營)   사업(事業)   경쟁(競爭)   자본(資本)

[관련 한자 성어]

전화위복(轉禍爲福)   권토중래(捲土重來)   수처작주(隨處作主)

한자어 학습

1 주어진 한자어와 영어 단어를 알맞게 연결하시오.

한자어 (음/뜻)		영어 단어
經 (경/날, 다스릴)	•	• work
營 (영/경영할)	•	• fight, compete
事 (사/일)	•	• work, job
業 (업/업, 직업)	•	• property
競 (경/다툴)	•	• fight
爭 (쟁/다툴, 경쟁할)	•	• root
資 (자/재물)	•	• warp, govern
本 (본/근본)	•	• manage

※ 날 : 베틀의 날실(피륙이나 그물을 짤 때, 세로 방향으로 놓인 실)

2 한자와 뜻이 같도록 빈칸에 알맞은 주어진 영단어를 넣으시오.

management   business   capital   competition

경영(經營) : 경(經) + 영(營) = 경영 (   )

사업(事業) : 사(事) + 업(業) = 사업 (   )

경쟁(競爭) : 경(競) + 쟁(爭) = 경쟁 (   )

자본(資本) : 자(資) + 본(本) = 자본 (   )

한자 성어 학습

1 주어진 한자 성어와 영어(우리말) 설명이 맞도록 연결하시오.

한자 성어	영어(우리말) 설명

전화위복(轉禍爲福) •

• coming back stronger after a failure
실패 후 더 강해져서 돌아옴

권토중래(捲土重來) •

• turning a misfortune into a blessing
불행이 축복으로 바뀜

수처작주(隨處作主) •

• being the master of any place you go
당신이 가는 어떤 곳에서든 주인이 됨

2 주어진 내용에 맞는 한자 성어를 빈칸에 알맞게 넣으시오. (한글만 작성)

전화위복(轉禍爲福)　　권토중래(捲土重來)　　수처작주(隨處作主)

1. 이번 실수를 통해 더 좋은 기회를 찾았어요. (　　　　　　　)

→ This mistake led to an even better opportunity.

2. 어디서든 내가 주인이라는 마음으로 행동해요. (　　　　　　　)

→ I act like I'm the master wherever I go.

3. 그 팀은 지난 경기에서 패배한 후 더 강하게 돌아왔어요. (　　　　　　　)

→ The team came back stronger after losing the last match.

한자어 정답

1

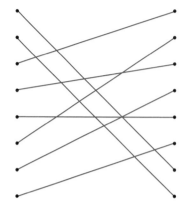

經 (경/날, 다스릴)	work
營 (영/경영할)	fight, compete
事 (사/일)	work, job
業 (업/업, 직업)	property
競 (경/다툴)	fight
爭 (쟁/다툴, 경쟁할)	root
資 (자/재물)	warp, govern
本 (본/근본)	manage

2 경영(經營) : 경(經) + 영(營) = 경영 (management)

사업(事業) : 사(事) + 업(業) = 사업 (business)

경쟁(競爭) : 경(競) + 쟁(爭) = 경쟁 (competition)

자본(資本) : 자(資) + 본(本) = 자본 (capital)

한자 성어 정답

1

전화위복(轉禍爲福)　　　　coming back stronger after a failure
실패 후 더 강해져서 돌아옴

권토중래(捲土重來)　　　　turning a misfortune into a blessing
불행이 축복으로 바뀜

수처작주(隨處作主)　　　　being the master of any place you go
당신이 가는 어떤 곳에서든 주인이 됨

2 1. 전화위복　　2. 수처작주　　3. 권토중래

64 투자(Investment)

투자(投資)란 자신의 자산을 미래에 더 큰 수익을 얻기 위해 사용하는 활동을 말해요. 투자를 통해 우리는 주식, 부동산, 사업 등 다양한 분야에 돈을 넣고, 시간이 지나면서 자산이 불어나는 경험을 할 수 있어요. 투자는 가까운 목표를 위해서도 할 수 있고, 장기적으로 큰 수익을 바라보며 할 수도 있어요. 투자는 우리의 자산을 늘려주고, 경제적 목표를 이루는 데 도움을 줘요.

[관련 한자어]

주식(株式) 거래(去來) 수익(收益) 손실(損失)

[관련 한자 성어]

승승장구(乘勝長驅) 타산지석(他山之石) 부화뇌동(附和雷同)

한자어 학습

1 주어진 한자어와 영어 단어를 알맞게 연결하시오.

한자어 (음/뜻)	영어 단어

株 (주/그루, 주식)   •   •   law, system

式 (식/법, 제도)   •   •   go

去 (거/갈)   •   •   come

來 (래/올)   •   •   reduce

收 (수/거둘)   •   •   harvest

益 (익/더할, 이익)   •   •   stump, stock

損 (손/덜)   •   •   lose

失 (실/잃을)   •   •   add, profit

※ 그루 : 풀이나 나무 따위의 아랫동아리. 또는 그것들을 베고 남은 아랫동아리

2 한자와 뜻이 같도록 빈칸에 알맞은 주어진 영단어를 넣으시오.

trade   loss   stock   profit

주식(株式) : 주(株) + 식(式) = 주식 (   )

거래(去來) : 거(去) + 래(來) = 거래 (   )

수익(收益) : 수(收) + 익(益) = 수익 (   )

손실(損失) : 손(損) + 실(失) = 손실 (   )

한자성어 학습

1 주어진 한자성어와 영어(우리말) 설명이 맞도록 연결하시오.

한자 성어		영어(우리말) 설명

승승장구(乘勝長驅)　　•

부화뇌동(附和雷同)　　•

타산지석(他山之石)　　•

•　learning from others' mistakes
　　다른 사람의 실수에서 배움

•　advancing steadily with continued success
　　계속되는 성공으로 꾸준히 나아감

•　following others blindly
　　다른 사람을 맹목적으로 따라감

2 주어진 내용에 맞는 한자 성어를 빈칸에 알맞게 넣으시오. (한글만 작성)

> 승승장구(乘勝長驅)　　타산지석(他山之石)　　부화뇌동(附和雷同)

1. 태현이는 어려운 문제를 해결하고 계속 좋은 성적을 내고 있어요. (　　　　　　　)

→ Taehyun solved a tough problem and keeps achieving good results.

2. 소라는 친구들이 하는 대로 따라가며 결정을 했어요. (　　　　　　　)

→ Sora made her decision by just following what her friends were doing.

3. 수미는 친구가 틀린 것을 보고 같은 실수를 하지 않으려고 노력해요. (　　　　　　　)

→ Sumi learns from her friend's mistake and tries not to make the same one.

한자어 정답

1

株 (주/그루, 주식)   law, system

式 (식/법, 제도)   go

去 (거/갈)   come

來 (래/올)   reduce

收 (수/거둘)   harvest

益 (익/더할, 이익)   stump, stock

損 (손/덜)   lose

失 (실/잃을)   add, profit

2

주식(株式) : 주(株) + 식(式) = 주식 (stock)

거래(去來) : 거(去) + 래(來) = 거래 (trade)

수익(收益) : 수(收) + 익(益) = 수익 (profit)

손실(損失) : 손(損) + 실(失) = 손실 (loss)

한자 성어 정답

1

승승장구(乘勝長驅)   learning from others' mistakes
다른 사람의 실수에서 배움

타산지석(他山之石)   advancing steadily with continued success
계속되는 성공으로 꾸준히 나아감

부화뇌동(附和雷同)   following others blindly
다른 사람을 맹목적으로 따라감

2   1. 승승장구   2. 부화뇌동   3. 타산지석

65 무역(Trade)

무역(貿易)이란 한 나라가 다른 나라와 상품이나 서비스를 사고파는 활동을 말해요. 무역을 통해 우리는 외국의 다양한 제품을 접하고, 국내의 상품을 다른 나라에 소개할 수 있어요. 무역은 가까운 나라와 할 수도 있고, 멀리 떨어진 나라와도 거래할 수 있어요. 무역을 통해 각 나라의 경제가 성장하고, 서로의 문화를 이해하는 데도 도움이 돼요.

[관련 한자어]

계약(契約)   수출(輸出)   관세(關稅)   통관(通關)

[관련 한자 성어]

문호개방(門戶開放)   이소역대(以小易大)   매점매석(買占賣惜)

한자어 학습

1 주어진 한자어와 영어 단어를 알맞게 연결하시오.

한자어 (음/뜻)	영어 단어

契 (계/맺을, 계약) ·   · exit

約 (약/맺을, 약속할) ·   · tax

輸 (수/보낼) ·   · tie, contract

出 (출/날) ·   · relate

關 (관/관계할) ·   · pass

稅 (세/세금) ·   · tie, promise

通 (통/통할) ·   · send

※ 관 : 국경이나 요지의 통로에 두어 드나드는 사람이나 화물을 조사하던 곳

2 한자와 뜻이 같도록 빈칸에 알맞은 주어진 영단어를 넣으시오.

contract   tariff   customs clearance   export

계약(契約) : 계(契) + 약(約) = 계약 (   )

수출(輸出) : 수(輸) + 출(出) = 수출 (   )

관세(關稅) : 관(關) + 세(稅) = 관세 (   )

통관(通關) : 통(通) + 관(關) = 통관 (   )

한자 성어 학습

1 주어진 한자 성어와 영어(우리말) 설명이 맞도록 연결하시오.

한자 성어	영어(우리말) 설명

문호개방(門戶開放)　•

이소역대(以小易大)　•

매점매석(買占賣惜)　•

• stocking up goods to sell at higher prices
더 높은 가격에 팔기 위해 물건을 비축함

• opening doors to others
다른 사람들에게 문을 염

• trading something small for something big
작은 것을 큰 것으로 바꿈

2 주어진 내용에 맞는 한자 성어를 빈칸에 알맞게 넣으시오. (한글만 작성)

> 문호개방(門戶開放)　이소역대(以小易大)　매점매석(買占賣惜)

1. 나율이는 작은 장난감을 친구의 큰 장난감과 바꿨어요. (　　　　　　)

→ Nayul traded her small toy for a big one from her friend.

2. 서우는 다양한 사람들을 받아들이며 새로운 생각을 열심히 배워요. (　　　　　　)

→ Seou embraces different people and eagerly learns new ideas.

3. 준서는 간식을 많이 사 두고 나중에 더 비싸게 팔려고 해요. (　　　　　　)

→ Junseo bought a lot of snacks and plans to sell them at a higher price later.

한자어 정답

1

契 (계/맺을, 계약)	exit
約 (약/맺을, 약속할)	tax
輸 (수/보낼)	tie, contract
出 (출/날)	relate
關 (관/관계할)	pass
稅 (세/세금)	tie, promise
通 (통/통할)	send

2 계약(契約) : 계(契) + 약(約) = 계약 (contract)

수출(輸出) : 수(輸) + 출(出) = 수출 (export)

관세(關稅) : 관(關) + 세(稅) = 관세 (tariff)

통관(通關) : 통(通) + 관(關) = 통관 (customs clearance)

한자 성어 정답

1

문호개방(門戶開放)	stocking up goods to sell at higher prices 더 높은 가격에 팔기 위해 물건을 비축함
이소역대(以小易大)	opening doors to others 다른 사람들에게 문을 엶
매점매석(買占賣惜)	trading something small for something big 작은 것을 큰 것으로 바꿈

2 1. 이소역대   2. 문호개방   3. 매점매석

66 빈곤(Poverty)

빈곤(貧困)이란 기본적인 생활을 유지하기 어려울 정도로 경제적인 자원이 부족한 상태를 말해요. 빈곤에 처한 사람들은 음식, 집, 의료 서비스 같은 필수적인 것들을 얻기가 어려울 수 있어요. 빈곤 문제는 우리 주변에서도 볼 수 있고, 전 세계적으로도 많은 사람이 겪고 있는 문제예요. 빈곤을 줄이기 위한 노력은 모두가 더 나은 삶을 살 수 있도록 돕고, 사회의 안정과 발전에도 중요한 역할을 해요.

[관련 한자어]

결핍(缺乏)   노숙(露宿)   기아(饑餓)   부족(不足)

[관련 한자 성어]

호구지책(糊口之策)   무의무탁(無依無托)   궁부자존(窮富自存)

한자어 학습

1 주어진 한자어와 영어 단어를 알맞게 연결하시오.

한자어 (음/뜻)	영어 단어

缺 (결/이지러질, 없을) •   • short

乏 (핍/모자랄) •   • foot, satisfy

露 (노/이슬) •   • wane, don't have

宿 (숙/잘) •   • starve, famine

飢 (기/주릴, 기근) •   • sleep

餓 (아/주릴, 배고플) •   • starve, hungry

不 (부/아닐) •   • dew

足 (족/발, 만족할) •   • not

※ 이지러지다 : 한쪽 귀퉁이가 떨어져 없어지다.

2 한자와 뜻이 같도록 빈칸에 알맞은 주어진 영단어를 넣으시오.

> starvation   deficiency   shortage   homelessness

결핍(缺乏) : 결(缺) + 핍(乏) = 결핍 (   )

노숙(露宿) : 노(露) + 숙(宿) = 노숙 (   )

기아(饑餓) : 기(饑) + 아(餓) = 기아 (   )

부족(不足) : 부(不) + 족(足) = 부족 (   )

한자 성어 학습

1 주어진 한자 성어와 영어(우리말) 설명이 맞도록 연결하시오.

한자 성어	영어(우리말) 설명

호구지책(糊口之策)　•

무의무탁(無依無托)　•

궁부자존(窮富自存)　•

•　having no one to depend on
　의지할 곳이 아무도 없음

•　unable to sustain oneself due to poverty
　가난하여 스스로 살아갈 수 없는

•　a way of barely making a living in poverty
　가난 속에서 겨우 먹고 살아가는 방책

2 주어진 내용에 맞는 한자 성어를 빈칸에 알맞게 넣으시오. (한글만 작성)

호구지책(糊口之策)　무의무탁(無依無托)　궁부자존(窮富自存)

1. 지수는 도움을 줄 가족도 친구도 없이 혼자 지내고 있어요. (　　　　　　　)

→ Jisoo lives alone without any family or friends to rely on.

2. 민재는 매일 힘들게 아르바이트하며 생활을 이어가고 있어요. (　　　　　　　)

→ Minjae works hard at his part-time job every day to make ends meet.

3. 그들은 가난 때문에 독립적으로 살 수 없었어요. (　　　　　　　)

→ They couldn't live independently due to poverty.

한자어 정답

1

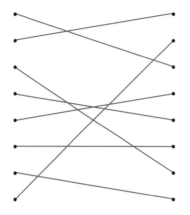

缺 (결/이지러질, 없을) · · short
乏 (핍/모자랄) · · foot, satisfy
露 (노/이슬) · · wane, don't have
宿 (숙/잘) · · starve, famine
飢 (기/주릴, 기근) · · sleep
餓 (아/주릴, 배고플) · · starve, hungry
不 (부/아닐) · · dew
足 (족/발, 만족할) · · not

2 결핍(缺乏) : 결(缺) + 핍(乏) = 결핍 (deficiency)

노숙(露宿) : 노(露) + 숙(宿) = 노숙 (homelessness)

기아(饑餓) : 기(饑) + 아(餓) = 기아 (starvation)

부족(不足) : 부(不) + 족(足) = 부족 (shortage)

한자 성어 정답

1

호구지책(糊口之策) ·
무의무탁(無依無托) ·
궁부자존(窮富自存) ·

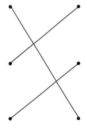

· having no one to depend on
의지할 곳이 아무도 없음

· unable to sustain oneself due to poverty
가난하여 스스로 살아갈 수 없는

· a way of struggling to make a living in poverty
가난 속에서 겨우 먹고 살아가는 방책

2 1. 무의무탁   2. 호구지책   3. 궁부자존

67 복지(Welfare)

복지(福祉)란 모든 사람이 기본적인 생활을 누릴 수 있도록 도와주는 제도와 서비스를 말해요. 복지를 통해 우리는 필요한 사람들에게 음식, 주거, 의료 서비스를 제공하고, 삶의 질을 높일 수 있어요. 복지는 가까운 지역사회에서부터 국가 차원까지 다양한 형태로 이루어질 수 있어요. 복지는 어려운 상황에 처한 사람들을 돕고, 더불어 사는 사회를 만드는 데 중요한 역할을 해요.

[관련 한자어]

주거(住居)   노인(老人)   아동(兒童)   후원(後援)

[관련 한자 성어]

장유유서(長幼有序)   무사안일(無事安逸)   인재등용(人材登用)

한자어 학습

1 주어진 한자어와 영어 단어를 알맞게 연결하시오.

한자어 (음/뜻)		영어 단어
住 (주/살)	•	• live
居 (거/살, 곳)	•	• old
老 (노/늙을)	•	• child
人 (인/사람)	•	• live, place
兒 (아/아이, 아기)	•	• behind
童 (동/아이)	•	• child, baby
後 (후/뒤)	•	• help
援 (원/도울)	•	• person

2 한자와 뜻이 같도록 빈칸에 알맞은 주어진 영단어를 넣으시오.

child   residence   sponsorship   elderly

주거(住居) : 주(住) + 거(居) = 주거 (   )

노인(老人) : 노(老) + 인(人) = 노인 (   )

아동(兒童) : 아(兒) + 동(童) = 아동 (   )

후원(後援) : 후(後) + 원(援) = 후원 (   )

한자 성어 학습

1 주어진 한자 성어와 영어(우리말) 설명이 맞도록 연결하시오.

한자 성어	영어(우리말) 설명

장유유서(長幼有序) •

• appointing talented people to positions
재능 있는 사람을 자리에 임명함

무사안일(無事安逸) •

• respecting order between the young and old
어른과 아이 사이의 질서를 존중함

인재등용(人材登用) •

• avoiding problems and seeking only comfort
문제를 피하고 편안함만을 추구함

2 주어진 내용에 맞는 한자 성어를 빈칸에 알맞게 넣으시오. (한글만 작성)

장유유서(長幼有序)　　무사안일(無事安逸)　　인재등용(人材登用)

1. 지호는 어른을 공경하고 동생들을 잘 챙겨줘요. (　　　　　　　)
→ Jiho respects elders and takes good care of the younger ones.

2. 선생님은 각자 재능에 맞게 학생들에게 역할을 맡겼어요. (　　　　　　　)
→ The teacher assigned roles to students based on their talents.

3. 하람이는 힘든 일을 피하고 쉬는 것만 좋아해요. (　　　　　　　)
→ Haram avoids hard tasks and prefers to relax.

한자어 정답

1

住 (주/살)	live
居 (거/살, 곳)	old
老 (노/늙을)	child
人 (인/사람)	live, place
兒 (아/아이, 아기)	behind
童 (동/아이)	child, baby
後 (후/뒤)	help
援 (원/도울)	person

2 주거(住居) : 주(住) + 거(居) = 주거 (residence)

노인(老人) : 노(老) + 인(人) = 노인 (elderly)

아동(兒童) : 아(兒) + 동(童) = 아동 (child)

후원(後援) : 후(後) + 원(援) = 후원 (sponsorship)

한자 성어 정답

1

장유유서(長幼有序)	appointing talented people to positions 재능 있는 사람을 자리에 임명함
무사안일(無事安逸)	respecting order between the young and old 어른과 아이 사이의 질서를 존중함
인재등용(人材登用)	avoiding problems and seeking only comfort 문제를 피하고 편안함만을 추구함

2 1. 장유유서   2. 인재등용   3. 무사안일

68 인권(Human Right)

인권(人權)이란 모든 사람이 존중받고 평등하게 대우받을 권리를 말해요. 인권을 통해 우리는 각자 자유롭게 생각하고 표현하며, 안전하게 살아갈 수 있어요. 인권은 어디에 살든 누구에게나 적용되며, 나이나 성별, 국적과 상관없이 모든 사람이 가져야 할 권리예요. 인권을 지키는 것은 서로를 존중하고 평화로운 사회를 만드는 데 큰 도움을 줘요.

[관련 한자어]

존엄(尊嚴)　복지(福祉)　자립(自立)　박해(迫害)

[관련 한자 성어]

천부인권(天賦人權)　무불간섭(無不干涉)　자유재량(自由裁量)

한자어 학습

1 주어진 한자어와 영어 단어를 알맞게 연결하시오.

한자어 (음/뜻)

尊 (존/높을) •

嚴 (엄/엄할) •

福 (복/복) •

祉 (지/복, 행복) •

自 (자/스스로) •

立 (립/설) •

迫 (박/핍박할, 다그칠) •

害 (해/해할) •

영어 단어

• stand

• harm

• strict

• high

• luck, happiness

• persecute, push

• self

• luck

※ 핍박하다 : 바싹 죄어서 몹시 괴롭게 굴다.

2 한자와 뜻이 같도록 빈칸에 알맞은 주어진 영단어를 넣으시오.

dignity   persecution   welfare   independence

존엄(尊嚴) : 존(尊) + 엄(嚴) = 존엄 (   )

복지(福祉) : 복(福) + 지(祉) = 복지 (   )

자립(自立) : 자(自) + 립(立) = 자립 (   )

박해(迫害) : 박(迫) + 해(害) = 박해 (   )

한자 성어 학습

1 주어진 한자 성어와 영어(우리말) 설명이 맞도록 연결하시오.

한자 성어	영어(우리말) 설명

천부인권(天賦人權)　•

무불간섭(無不干涉)　•

자유재량(自由裁量)　•

•　freedom to make decisions
　　결정을 내릴 자유

•　non-interference in all matters
　　모든 일에 무간섭

•　natural rights inherent to all humans
　　모든 인간에게 주어진 본래의 권리

2 주어진 내용에 맞는 한자 성어를 빈칸에 알맞게 넣으시오. (한글만 작성)

> 천부인권(天賦人權)　무불간섭(無不干涉)　자유재량(自由裁量)

1. 엄마는 내가 스스로 결정하도록 간섭하지 않았어요. (　　　　　　　)

→ Mom didn't interfere and let me decide on my own.

2. 선생님은 학생들이 스스로 선택할 수 있도록 맡겼어요. (　　　　　　　)

→ The teacher let the students choose for themselves.

3. 모든 사람은 태어날 때부터 소중한 권리를 가지고 있어요. (　　　　　　　)

→ Everyone is born with important rights.

한자어 정답

1

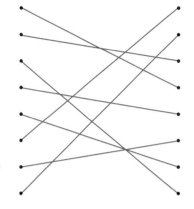

尊 (존/높을)   stand

嚴 (엄/엄할)   harm

福 (복/복)   strict

祉 (지/복, 행복)   high

自 (자/스스로)   luck, happiness

立 (립/설)   persecute, push

迫 (박/핍박할, 다그칠)   self

害 (해/해할)   luck

2 존엄(尊嚴) : 존(尊) + 엄(嚴) = 존엄 (dignity)

복지(福祉) : 복(福) + 지(祉) = 복지 (welfare)

자립(自立) : 자(自) + 립(立) = 자립 (independence)

박해(迫害) : 박(迫) + 해(害) = 박해 (persecution)

한자 성어 정답

1

천부인권(天賦人權)   freedom to make decisions
결정을 내릴 자유

무불간섭(無不干涉)   non-interference in all matters
모든 일에 무간섭

자유재량(自由裁量)   natural rights inherent to all humans
모든 인간에게 주어진 본래의 권리

2 1. 무불간섭   2. 자유재량   3. 천부인권

69 범죄(Crime)

범죄(犯罪)란 법을 어기고 사회에 해를 끼치는 행동을 말해요. 범죄는 사람들에게 피해를 주고, 사회의 질서를 어지럽히기 때문에 법으로 처벌을 받아요. 범죄에는 절도, 폭행, 사기 등 여러 종류가 있으며, 이를 예방하고 줄이기 위해 경찰과 법원이 중요한 역할을 해요. 범죄를 막음으로써 우리는 더 안전한 사회에서 살아갈 수 있고, 모두가 서로를 존중하며 지낼 수 있어요.

[관련 한자어]

법률(法律)   처벌(處罰)   범인(犯人)   수사(搜査)

[관련 한자 성어]

공명정대(公明正大)   유전무죄(有錢無罪)   일망타진(一網打盡)

한자어 학습

1 주어진 한자어와 영어 단어를 알맞게 연결하시오.

한자어 (음/뜻)	영어 단어
法 (법/법) •	• commit
律 (률/법칙, 규칙) •	• investigate
處 (처/곳, 다스릴) •	• law, rule
罰 (벌/죄) •	• person
犯 (범/범할) •	• law
人 (인/사람) •	• search
搜 (수/찾을) •	• place, punish
査 (사/조사할) •	• crime

2 한자와 뜻이 같도록 빈칸에 알맞은 주어진 영단어를 넣으시오.

> criminal   punishment   inverstigation   law

법률(法律) : 법(法) + 률(律) = 법률 (   )

처벌(處罰) : 처(處) + 벌(罰) = 처벌 (   )

범인(犯人) : 범(犯) + 인(人) = 범인 (   )

수사(搜査) : 수(搜) + 사(査) = 수사 (   )

한자 성어 학습

1 주어진 한자 성어와 영어(우리말) 설명이 맞도록 연결하시오.

한자 성어	영어(우리말) 설명

공명정대(公明正大) •

유전무죄(有錢無罪) •

일망타진(一網打盡) •

• catching everything in one sweep
  한 번에 모두 잡아냄

• fair and just in all matters
  모든 일에서 공정하고 올바른

• Money buys freedom from punishment.
  돈은 처벌로부터 자유를 살 수 있다.

2 주어진 내용에 맞는 한자 성어를 빈칸에 알맞게 넣으시오. (한글만 작성)

공명정대(公明正大)　유전무죄(有錢無罪)　일망타진(一網打盡)

1. 경찰은 도망치던 범인들을 한 번에 모두 잡았어요. (　　　　　　　　)

→ The police caught all the escaping criminals in one sweep.

2. 선생님은 모든 학생에게 공정하게 점수를 주셨어요. (　　　　　　　　)

→ The teacher graded all students fairly.

3. 어떤 사람들은 돈이 있으면 법을 피해 갈 수 있다고 믿어요. (　　　　　　　　)

→ Some people believe that money can help them avoid the law.

한자어 정답

1
法 (법/법)
律 (률/법칙, 규칙)
處 (처/곳, 다스릴)
罰 (벌/죄)
犯 (범/범할)
人 (인/사람)
搜 (수/찾을)
査 (사/조사할)

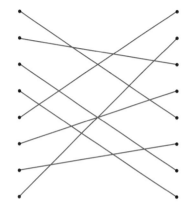

commit
investigate
law, rule
person
law
search
place, punish
crime

2
법률(法律) : 법(法) + 률(律) = 법률 (law)

처벌(處罰) : 처(處) + 벌(罰) = 처벌 (punishment)

범인(犯人) : 범(犯) + 인(人) = 범인 (criminal)

수사(搜査) : 수(搜) + 사(査) = 수사 (investigation)

한자 성어 정답

1
공명정대(公明正大)

유전무죄(有錢無罪)

일망타진(一網打盡)

catching everything in one sweep
한 번에 모두 잡아냄

fair and just in all matters
모든 일에서 공정하고 올바른

Money buys freedom from punishment.
돈은 처벌로부터 자유를 살 수 있다.

2 1. 일망타진   2. 공명정대   3. 유전무죄

70 차별 (Discrimination)

차별(差別)이란 사람이나 집단을 다르게 대우하는 것을 의미해요. 차별은 사람들의 외모, 성별, 나이, 인종, 국적, 장애 유무 등 다양한 이유로 발생할 수 있어요. 차별을 받는 사람들은 불공평하게 대우받으며, 이로 인해 불편함이나 상처를 느낄 수 있어요. 차별은 사회 구성원 간의 불화를 일으키고, 사회적 평등을 저해해요. 차별을 없애기 위해서는 서로를 존중하고 이해하며, 공정한 사회를 만들기 위한 노력이 필요해요. 차별을 줄여 나가면 우리는 서로 다름을 존중하고 조화롭게 살아갈 수 있어요.

[**관련 한자어**]

제한(制限)   편견(偏見)   소외(疏外)   배제(排除)

[**관련 한자 성어**]

천차만별(千差萬別)   내소외친(內疏外親)   고립무원(孤立無援)

한자어 학습

1 주어진 한자어와 영어 단어를 알맞게 연결하시오.

한자어 (음/뜻)	영어 단어
制 (제/절제할) •	• see
限 (한/한할) •	• push
偏 (편/치우칠) •	• restrain
見 (견/볼) •	• communicate
疏 (소/소통할) •	• limit
外 (외/바깥) •	• reduce, exclude
排 (배/밀칠) •	• outside
除 (제/덜, 제외할) •	• lean

2 한자와 뜻이 같도록 빈칸에 알맞은 주어진 영단어를 넣으시오.

exclusion   restriction   alienation   prejudice

제한(制限) : 제(制) + 한(限) = 제한 (　　　　　　　)

편견(偏見) : 편(偏) + 견(見) = 편견 (　　　　　　　)

소외(疏外) : 소(疏) + 외(外) = 소외 (　　　　　　　)

배제(排除) : 배(排) + 제(除) = 배제 (　　　　　　　)

한자 성어 학습

1 주어진 한자 성어와 영어(우리말) 설명이 맞도록 연결하시오.

한자 성어	영어(우리말) 설명

천차만별(千差萬別)　·

내소외친(內疏外親)　·

고립무원(孤立無援)　·

· friendly on the outside, but distant on the inside
겉으로는 친하지만, 속으로는 멀어진

· isolated with no help
도움 없이 고립된

· Everything differs and is distinct.
여러 가지 사물이 모두 차이가 있고 구별이 있다.

2 주어진 내용에 맞는 한자 성어를 빈칸에 알맞게 넣으시오. (한글만 작성)

천차만별(千差萬別)　내소외친(內疏外親)　고립무원(孤立無援)

1. 겉으론 사이좋아 보여도 속으론 멀리하는 경우가 있어요. (　　　　　　　)

→ Sometimes people seem friendly but feel distant inside.

2. 가게에 있는 장난감들이 모두 다르고 종류도 많아요. (　　　　　　　)

→ The toys in the store are all different and have many types.

3. 수지는 도와줄 친구 하나 없이 홀로 남겨져 있어요. (　　　　　　　)

→ Suji is left alone with no friend to help.

한자어 정답

1

制 (제/절제할)

限 (한/한할)

偏 (편/치우칠)

見 (견/볼)

疏 (소/소통할)

外 (외/바깥)

排 (배/밀칠)

除 (제/덜, 제외할)

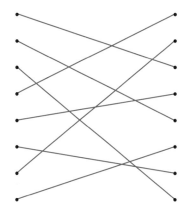

see

push

restrain

communicate

limit

reduce, exclude

outside

lean

2 제한(制限) : 제(制) + 한(限) = 제한 (restriciton)

편견(偏見) : 편(偏) + 견(見) = 편견 (prejudice)

소외(疏外) : 소(疏) + 외(外) = 소외 (alienation)

배제(排除) : 배(排) + 제(除) = 배제 (exclusion)

한자 성어 정답

1

천차만별(千差萬別)

내소외친(內疏外親)

고립무원(孤立無援)

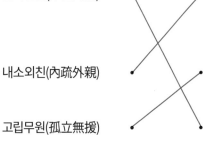

friendly on the outside, but distant on the inside
겉으로는 친하지만, 속으로는 멀어진

isolated with no help
도움 없이 고립된

Everything differs and is distinct.
여러 가지 사물이 모두 차이가 있고 구별이 있다.

2 1. 내소외친   2. 천차만별   3. 고립무원

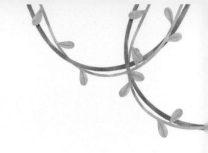

71 기술(Technology)

기술(技術)이란 사람의 필요와 편의를 위해 새로운 도구나 방법을 만들어내고, 이를 활용하여 문제를 해결하는 능력이나 과정을 말해요. 기술을 통해 우리는 더 빠르고 편리하게 일을 할 수 있고, 더 나은 생활 환경을 만들 수 있어요. 기술은 일상생활의 작은 도구부터 컴퓨터와 같은 복잡한 장비까지 다양한 형태로 존재해요. 기술 발전은 우리의 삶을 더욱 풍요롭게 해주고, 더 많은 것을 배우고 경험할 기회를 제공해요.

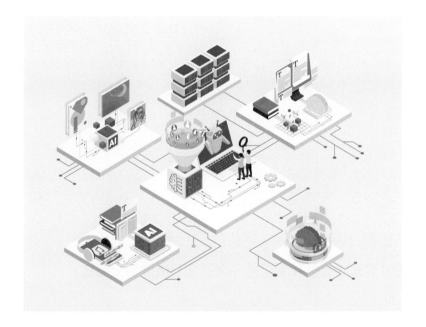

[관련 한자어]

창출(創出) 혁신(革新) 개발(開發) 공학(工學)

[관련 한자 성어]

격세지감(隔世之感) 천기누설(天機漏洩) 극악무도(極惡無道)

한자어 학습

1 주어진 한자어와 영어 단어를 알맞게 연결하시오.

한자어 (음/뜻)	영어 단어
創 (창/비롯할, 만들) •	• leather, fix
出 (출/날, 내놓을) •	• new
革 (혁/가죽, 고칠) •	• artisan, technique
新 (신/새) •	• come from, make
開 (개/열) •	• learn
發 (발/필) •	• open
工 (공/장인, 기교) •	• exit, bring out
學 (학/배울) •	• bloom

2 한자와 뜻이 같도록 빈칸에 알맞은 주어진 영단어를 넣으시오.

innovation   creation   engineering   development

창출(創出) : 창(創) + 출(出) = 창출 (   )

혁신(革新) : 혁(革) + 신(新) = 혁신 (   )

개발(開發) : 개(開) + 발(發) = 개발 (   )

공학(工學) : 공(工) + 학(學) = 공학 (   )

한자 성어 학습

1 주어진 한자 성어와 영어(우리말) 설명이 맞도록 연결하시오.

한자 성어	영어(우리말) 설명

격세지감(隔世之感)　•

극악무도(極惡無道)　•

•　revealing a hidden secret
숨겨진 비밀을 밝힘

천기누설(天機漏洩)　•

•　feeling of a huge change over time
시간이 지나며 큰 변화가 느껴짐

극악무도(極惡無道)　•

•　extremely wicked without any sense of morality
도덕성 없이 극도로 사악함

2 주어진 내용에 맞는 한자 성어를 빈칸에 알맞게 넣으시오. (한글만 작성)

격세지감(隔世之感)　천기누설(天機漏洩)　극악무도(極惡無道)

1. 오랜만에 예전 동네에 가니, 모든 게 달라진 것 같아요. (　　　　　　)
→ When I visit my old neighborhood, everything feels different.

2. 영화 속 악당은 정말 나쁜 행동만 골라서 했어요. (　　　　　　)
→ The villain in the movie did only the worst deeds.

3. 내 친구가 계획하던 깜짝 이벤트를 실수로 밝혀버렸어요. (　　　　　　)
→ My friend accidentally revealed the surprise they were planning.

한자어 정답

1

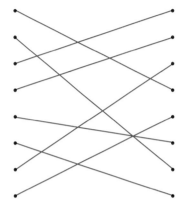

創 (창/비롯할, 만들)	leather, fix
出 (출/날, 내놓을)	new
革 (혁/가죽, 고칠)	artisan, technique
新 (신/새)	come from, make
開 (개/열)	learn
發 (발/필)	open
工 (공/장인, 기교)	exit, bring out
學 (학/배울)	bloom

2 창출(創出) : 창(創) + 출(出) = 창출 (creation)

혁신(革新) : 혁(革) + 신(新) = 혁신 (innovation)

개발(開發) : 개(開) + 발(發) = 개발 (development)

공학(工學) : 공(工) + 학(學) = 공학 (engineering)

한자 성어 정답

1

격세지감(隔世之感)	revealing a hidden secret 숨겨진 비밀을 밝힘
천기누설(天機漏洩)	feeling of a huge change over time 시간이 지나며 큰 변화가 느껴짐
극악무도(極惡無道)	extremely wicked without any sense of morality 도덕성 없이 극도로 사악함

2 1. 격세지감 2. 극악무도 3. 천기누설

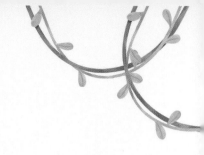

72 발명(Invention)

발명(發明)이란 새로운 물건이나 아이디어를 만들어내는 창의적인 활동을 말해요. 발명을 통해 우리는 문제를 해결하고, 더 편리한 생활을 할 수 있는 도구나 기술을 만들어낼 수 있어요. 발명은 일상 속 작은 아이디어에서부터 시작할 수 있으며, 세상을 변화시키는 중요한 역할을 해요. 발명은 혼자서도 할 수 있고, 다른 사람들과 함께 협력하며 새로운 것을 만들어가는 과정에서 더욱 발전할 수 있어요.

[관련 한자어]

구상(構想)   기술(技術)   특허(特許)   창안(創案)

[관련 한자 성어]

천의무봉(天衣無縫)   변화무쌍(變化無雙)   막상막하(莫上莫下)

한자어 학습

1 주어진 한자어와 영어 단어를 알맞게 연결하시오.

한자어 (음/뜻)	영어 단어

構 (구/얽을) •

想 (상/생각) •

技 (기/재주, 솜씨) •

術 (술/재주, 계략) •

特 (특/특별할) •

許 (허/허락할) •

創 (창/비롯할, 만들) •

案 (안/책상, 생각) •

• thought

• talent, skill

• interwind

• special

• permit

• talent, trick

• desk, thought

• come from, make

2 한자와 뜻이 같도록 빈칸에 알맞은 주어진 영단어를 넣으시오.

invention   conception   patent   technology

구상(構想) : 구(構) + 상(想) = 구상 (　　　　　　)

기술(技術) : 기(技) + 술(術) = 기술 (　　　　　　)

특허(特許) : 특(特) + 허(許) = 특허 (　　　　　　)

창안(創案) : 창(創) + 안(案) = 창안 (　　　　　　)

한자 성어 학습

1 주어진 한자 성어와 영어(우리말) 설명이 맞도록 연결하시오.

한자 성어	영어(우리말) 설명

천의무봉(天衣無縫)　·

변화무쌍(變化無雙)　·

막상막하(莫上莫下)　·

· a state where neither side is better nor worse
어느 쪽도 더 낫지도 더 못하지도 않은 상태

· flawless and perfect
흠이 없고 완벽한

· extremely changeable and unpredictable
매우 변화가 심하고 예측할 수 없는

2 주어진 내용에 맞는 한자 성어를 빈칸에 알맞게 넣으시오. (한글만 작성)

천의무봉(天衣無縫)　변화무쌍(變化無雙)　막상막하(莫上莫下)

1. 오늘 날씨는 계속 변해서 예측하기 어려웠어요. (　　　　　　　　)

→ The weather kept changing making it hard to predict.

2. 두 팀은 실력이 비슷해, 동점으로 끝났어요. (　　　　　　　　)

→ The two teams were evenly matched, so the game ended in a draw.

3. 소희의 그림은 흠잡을 데 없이 완벽했어요. (　　　　　　　　)

→ Sohee's drawing was flawless and perfect.

한자어 정답

1

構 (구/얽을) —————— thought

想 (상/생각) —————— talent, skill

技 (기/재주, 솜씨) —————— interwind

術 (술/재주, 계략) —————— special

特 (특/특별할) —————— permit

許 (허/허락할) —————— talent, trick

創 (창/비롯할, 만들) —————— desk, thought

案 (안/책상, 생각) —————— come from, make

2

구상(構想) : 구(構) + 상(想) = 구상 (conception)

기술(技術) : 기(技) + 술(術) = 기술 (technology)

특허(特許) : 특(特) + 허(許) = 특허 (patent)

창안(創案) : 창(創) + 안(案) = 창안 (invention)

한자 성어 정답

1

천의무봉(天衣無縫) —————— a state where neither side is better nor worse
어느 쪽도 더 낫지도 더 못하지도 않은 상태

변화무쌍(變化無雙) —————— flawless and perfect
흠이 없고 완벽한

막상막하(莫上莫下) —————— extremely changeable and unpredictable
매우 변화가 심하고 예측할 수 없는

2 1. 변화무쌍　　2. 막상막하　　3. 천의무봉

컴퓨터와 인공지능
(Computer & Artificial Intelligence)

컴퓨터란 데이터를 처리하고 다양한 작업을 수행하는 전자 기기예요. 컴퓨터는 글을 쓰거나 그림을 그리는 것부터 계산을 하고 정보를 저장하는 것까지, 일상 생활과 일에서 매우 중요한 역할을 해요. 우리는 컴퓨터와 인터넷을 통해 세계와 연결되고, 새로운 정보를 배우며, 편리하게 작업을 할 수 있어요. 인공지능(AI)이란 컴퓨터가 사람처럼 생각하고 학습할 수 있도록 하는 기술이에요. AI는 사람의 언어를 이해하고, 문제를 해결하거나 예측을 하는 등의 작업을 할 수 있어요. 예를 들어, 음성 비서가 질문에 대답하거나 추천 시스템이 좋아할 만한 영화를 골라주는 것도 AI 덕분이에요. 인공지능은 우리가 더욱 효율적으로 일하고, 새로운 기술과 경험을 접할 수 있게 해줘요.

[관련 한자어]

분석(分析)   응용(應用)   발달(發達)   설계(設計)

[관련 한자 성어]

속전속결(速戰速決)   일신월성(日新月成)   박학다재(博學多才)

한자어 학습

1 주어진 한자어와 영어 단어를 알맞게 연결하시오.

한자어 (음/뜻)	영어 단어

分 (분/나눌) •   • split, reveal

析 (석/쪼갤, 밝힐) •   • count

應 (응/응할) •   • divide

用 (용/쓸) •   • offer

發 (발/필) •   • master

達 (달/통달할) •   • bloom

設 (설/베풀) •   • use

計 (계/셀) •   • respond

2 한자와 뜻이 같도록 빈칸에 알맞은 주어진 영단어를 넣으시오.

> analysis   development   design   application

분석(分析) : 분(分) + 석(析) = 분석 (   )

응용(應用) : 응(應) + 용(用) = 응용 (   )

발달(發達) : 발(發) + 달(達) = 발달 (   )

설계(設計) : 설(設) + 계(計) = 설계 (   )

한자 성어 학습

1 주어진 한자 성어와 영어(우리말) 설명이 맞도록 연결하시오.

한자 성어	영어(우리말) 설명

속전속결(速戰速決) •

박학다재(博學多才) •

일신월성(日新月成) •

• widely knowledgeable and talented in many areas
많은 분야에 걸쳐 해박한 지식과 재능을 지닌

• Rapid action leads to swift results.
빠른 행동은 신속한 결과를 가져온다.

• Continuous improvement leads to daily progress.
지속적인 개선이 매일의 발전을 이끈다.

2 주어진 내용에 맞는 한자 성어를 빈칸에 알맞게 넣으시오. (한글만 작성)

속전속결(速戰速決)　일신월성(日新月成)　박학다재(博學多才)

1. 윤지는 그림, 피아노, 수학까지 다 잘해요! (　　　　　　)

→ Yoonji is good at drawing, piano, and even math!

2. 모든 경기를 빠르게 끝내서, 우리 반이 우승했어요! (　　　　　　)

→ Our class won because we finished every game quickly!

3. 지호는 매일 꾸준히 자신을 발전시켜요. (　　　　　　)

→ Jiho steadily improves himself every day.

한자어 정답

1

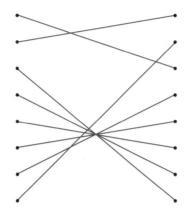

分 (분/나눌) — divide
析 (석/쪼갤, 밝힐) — split, reveal
應 (응/응할) — respond
用 (용/쓸) — use
發 (발/필) — bloom
達 (달/통달할) — master
設 (설/베풀) — offer
計 (계/셀) — count

2 분석(分析) : 분(分) + 석(析) = 분석 (analysis)

응용(應用) : 응(應) + 용(用) = 응용 (application)

발달(發達) : 발(發) + 달(達) = 발달 (development)

설계(設計) : 설(設) + 계(計) = 설계 (design)

한자 성어 정답

1

속전속결(速戰速決) — Rapid action leads to swift results.
빠른 행동은 신속한 결과를 가져온다.

일신월성(日新月成) — widely knowledgeable and talented in many areas
많은 분야에 걸쳐 해박한 지식과 재능을 지닌

박학다재(博學多才) — Continuous improvement leads to daily progress.
지속적인 개선이 매일의 발전을 이끈다.

2 1. 박학다재   2. 속전속결   3. 일신월성

74 스마트폰과 인터넷
(Smartphone & Internet)

스마트폰이란 휴대할 수 있는 작은 컴퓨터로, 전화와 메시지뿐만 아니라 인터넷 검색, 사진 촬영, 앱 사용 등 다양한 기능을 제공하는 기기예요. 스마트폰을 통해 우리는 언제 어디서든 필요한 정보를 찾고, 친구들과 소통하며, 게임을 하거나 음악을 들을 수도 있어요.

인터넷이란 전 세계의 컴퓨터와 연결된 네트워크로, 정보를 찾고 사람들과 소통하며, 다양한 콘텐츠를 즐길 수 있게 해주는 공간이에요. 인터넷을 통해 우리는 친구와 메시지를 주고받거나, 영화를 보고, 공부하면서 많은 것을 배울 수 있어요. 스마트폰과 인터넷은 우리 일상을 더 편리하고 풍요롭게 만들어 줘요.

[관련 한자어]

제작(製作)   개통(開通)   연결(連結)   편의(便宜)

[관련 한자 성어]

각자도생(各自圖生)   무도지인(無道之人)   유언비어(流言蜚語)

한자어 학습

1 주어진 한자어와 영어 단어를 알맞게 연결하시오.

한자어 (음/뜻)	영어 단어

製 (제/지을)   •   •   open

作 (작/지을, 작품)   •   •   pass

開 (개/열)   •   •   tie

通 (통/통할)   •   •   make, work

連 (연/잇닿을)   •   •   comfortable

結 (결/맺을)   •   •   make

便 (편/편할)   •   •   suitable

宜 (의/마땅)   •   •   ajoint

※ 맺다 : 끄나풀, 실, 노끈 따위를 얽어 매듭을 만들다.
※ 마땅하다 : 행동이나 대상 따위가 일정한 조건에 어울리게 알맞다.

2 한자와 뜻이 같도록 빈칸에 알맞은 주어진 영단어를 넣으시오.

> convenience   activation   connection   production

제작(製作) : 제(製) + 작(作) = 제작 (   )

개통(開通) : 개(開) + 통(通) = 개통 (   )

연결(連結) : 연(連) + 결(結) = 연결 (   )

편의(便宜) : 편(便) + 의(宜) = 편의 (   )

한자 성어 학습

1 주어진 한자 성어와 영어(우리말) 설명이 맞도록 연결하시오.

한자 성어	영어(우리말) 설명

각자도생(各自圖生) •

무도지인(無道之人) •

유언비어(流言蜚語) •

• a widely spread rumor with no basis
아무 근거 없이 널리 퍼진 소문

• Each person strives to survive on their own.
각각의 사람은 스스로 살아남기 위해 노력한다.

• a person lacking morals or integrity
도덕이나 진실성이 부족한 사람

2 주어진 내용에 맞는 한자 성어를 빈칸에 알맞게 넣으시오. (한글만 작성)

각자도생(各自圖生)　　무도지인(無道之人)　　유언비어(流言蜚語)

1. 아이들이 서로 도와주지 않고 자기 일만 했어요. (　　　　　　　　)

→ The kids didn't help each other and did only their own work.

2. 거짓말처럼 이상한 소문이 돌고 있어요. (　　　　　　　　)

→ Strange rumors are spreading like lies.

3. 사람을 괴롭히고 규칙을 무시하는 행동은 좋지 않아요. (　　　　　　　　)

→ It's bad to bully others and ignore rules.

한자어 정답

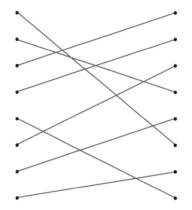

1
製 (제/지을) —————————— open
作 (작/지을, 작품) ———————— pass
開 (개/열) ————————————— tie
通 (통/통할) ———————————— make, work
連 (연/잇닿을) ———————————— comfortable
結 (결/맺을) ———————————— make
便 (편/편할) ———————————— suitable
宜 (의/마땅) ———————————— ajoint

2
제작(製作) : 제(製) + 작(作) = 제작 (production)

개통(開通) : 개(開) + 통(通) = 개통 (activation)

연결(連結) : 연(連) + 결(結) = 연결 (connection)

편의(便宜) : 편(便) + 의(宜) = 편의 (convenience)

한자 성어 정답

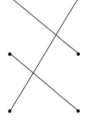

1
각자도생(各自圖生) —————— a widely spread rumor with no basis
아무 근거 없이 널리 퍼진 소문

무도지인(無道之人) —————— Each person strives to survive on their own.
각각의 사람은 스스로 살아남기 위해 노력한다.

유언비어(流言蜚語) —————— a person lacking morals or integrity
도덕이나 진실성이 부족한 사람

2 1. 각자도생   2. 유언비어   3. 무도지인

75 가상 및 증강현실
(Virtual & Augmented Reality)

가상현실(假想現實)은 컴퓨터로 만든 가상의 세계에 들어가서 마치 실제로 있는 것처럼 경험하는 기술이에요. 가상현실을 통해 우리는 게임 속에서 모험을 하거나, 멀리 있는 장소를 마치 바로 앞에 있는 것처럼 탐험할 수 있어요. 이 기술은 우리의 감각을 자극해 새로운 경험을 하게 해줘요.

증강현실(增強現實)은 현실 세계에 가상의 이미지를 겹쳐서 보여주는 기술이에요. AR을 사용하면 스마트폰 화면을 통해 현실에 없는 캐릭터가 나타나거나, 정보를 눈앞에서 볼 수 있어요. 예를 들어, 증강현실 게임을 하면서 길거리에서 몬스터를 잡거나, 책을 통해 살아 움직이는 그림을 볼 수도 있답니다. 가상과 증강현실은 우리의 상상력을 현실로 만드는 데 도움을 줘요.

[관련 한자어]

창조(創造)   도입(導入)   혁명(革命)   초월(超越)

[관련 한자 성어]

전도유망(前途有望)   천변만화(千變萬化)   십인십색(十人十色)

한자어 학습

1 주어진 한자어와 영어 단어를 알맞게 연결하시오.

한자어 (음/뜻)		영어 단어
創 (창/비롯할, 만들) ●	●	make
造 (조/지을) ●	●	leather, fix
導 (도/인도할) ●	●	come from, make
入 (입/들) ●	●	jump, fast
革 (혁/가죽, 고칠) ●	●	life
命 (명/목숨) ●	●	jump, exceed
超 (초/뛰어넘을, 빠른) ●	●	guide
越 (월/넘을, 초과할) ●	●	enter

2 한자와 뜻이 같도록 빈칸에 알맞은 주어진 영단어를 넣으시오.

revolution   creation   transcendence   introduction

창조(創造) : 창(創) + 조(造) = 창조 (   )

도입(導入) : 도(導) + 입(入) = 도입 (   )

혁명(革命) : 혁(革) + 명(命) = 혁명 (   )

초월(超越) : 초(超) + 월(越) = 초월 (   )

한자 성어 학습

1 주어진 한자 성어와 영어(우리말) 설명이 맞도록 연결하시오.

한자 성어	영어(우리말) 설명

전도유망(前途有望) •

천변만화(千變萬化) •

십인십색(十人十色) •

• Everyone has unique preferences or style.
모든 사람은 독특한 취향이나 스타일을 가지고 있다.

• constantly changing in endless ways
끝없이 다양한 방식으로 끊임없이 변화함

• having a bright future or full of potential
밝은 미래를 가지고 있거나 잠재력이 넘침

2 주어진 내용에 맞는 한자 성어를 빈칸에 알맞게 넣으시오. (한글만 작성)

전도유망(前途有望)　천변만화(千變萬化)　십인십색(十人十色)

1. 날씨가 자꾸 변해 우산이 자주 필요해요. (　　　　　　)
→ The weather keeps changing so we often need umbrellas.

2. 친구마다 그림에 각자 독특한 스타일이 있어요. (　　　　　　)
→ Each friend has a unique style in their drawings.

3. 유진이는 미래가 밝은 학생이에요. (　　　　　　)
→ Yujin is a student with a bright future.

한자어 정답

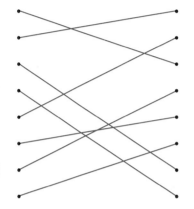

1

創 (창/비롯할, 만들)   make

造 (조/지을)   leather, fix

導 (도/인도할)   come from, make

入 (입/들)   jump, fast

革 (혁/가죽, 고칠)   life

命 (명/목숨)   jump, exceed

超 (초/뛰어넘을, 빠른)   guide

越 (월/넘을, 초과할)   enter

2 창조(創造) : 창(創) + 조(造) = 창조 (creation)

도입(導入) : 도(導) + 입(入) = 도입 (introduction)

혁명(革命) : 혁(革) + 명(命) = 혁명 (revolution)

초월(超越) : 초(超) + 월(越) = 초월 (transcendence)

한자 성어 정답

1 전도유망(前途有望)   Everyone has unique preferences or style.
모든 사람은 독특한 취향이나 스타일을 가지고 있다.

천변만화(千變萬化)   constantly changing in endless ways
끝없이 다양한 방식으로 끊임없이 변화함

십인십색(十人十色)   having a bright future or full of potential
밝은 미래를 가지고 있거나 잠재력이 넘침

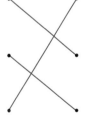

2 1. 천변만화   2. 십인십색   3. 전도유망

76 언어(Language)

언어(言語)란 사람들 사이에서 생각과 감정을 표현하고 소통하기 위해 사용하는 소리, 글자, 몸짓 등의 체계를 말해요. 언어를 통해 우리는 생각을 나누고, 이야기하며, 서로의 기분을 표현할 수 있어요. 다양한 나라와 지역마다 각기 다른 언어가 존재하지만, 모두 사람을 연결하는 중요한 역할을 한다는 공통점이 있지요. 언어는 새로운 지식을 배우고 문화를 이해하는 데 큰 도움이 돼요. 또한, 외국어를 배우면 더 많은 사람들과 친구가 될 수 있어요.

[관련 한자어]

발음(發音)   방언(方言)   교환(交換)   사전(辭典)

[관련 한자 성어]

언중유골(言中有骨)   일언지하(一言之下)   촌철살인(寸鐵殺人)

한자어 학습

1 주어진 한자어와 영어 단어를 알맞게 연결하시오.

한자어 (음/뜻)	영어 단어

發 (발/필) •　　　　　　　• sound

音 (음/소리) •　　　　　　　• words

方 (방/모, 방향) •　　　　　　　• square, direction

言 (언/말씀) •　　　　　　　• law, book

交 (교/사귈, 교차할) •　　　　　　　• bloom

換 (환/바꿀, 교환할) •　　　　　　　• words, explain

辭 (사/말씀, 해설할) •　　　　　　　• change, exchange

典 (전/법, 책) •　　　　　　　• interact, cross

2 한자와 뜻이 같도록 빈칸에 알맞은 주어진 영단어를 넣으시오.

> exchange　dialect　pronunciation　dictionary

발음(發音) : 발(發) + 음(音) = 발음 (　　　　　　　)

방언(方言) : 방(方) + 언(言) = 방언 (　　　　　　　)

교환(交換) : 교(交) + 환(換) = 교환 (　　　　　　　)

사전(辭典) : 사(辭) + 전(典) = 사전 (　　　　　　　)

한자 성어 학습

① 주어진 한자 성어와 영어(우리말) 설명이 맞도록 연결하시오.

한자 성어 　　　　　　　　　　　　영어(우리말) 설명

언중유골(言中有骨) •

• words that carry a hidden or significant meaning
숨겨진 혹은 중요한 의미를 담고 있는 말

일언지하(一言之下) •

• a few words that have a powerful impact
강력한 영향을 주는 몇 마디 말

촌철살인(寸鐵殺人) •

• cutting it short with a single word
한 마디로 딱 잘라 끝냄

② 주어진 내용에 맞는 한자 성어를 빈칸에 알맞게 넣으시오. (한글만 작성)

　　　언중유골(言中有骨)　　일언지하(一言之下)　　촌철살인(寸鐵殺人)

1. 친구는 한 마디로 제안을 거절했어요. (　　　　　　　)
→ My friend rejected the offer with a single word.

2. 선생님의 말씀에는 깊은 의미가 있었어요. (　　　　　　　)
→ The teacher's words had a deep meaning.

3. 그녀의 간단한 한마디가 사람들에게 그들의 실수를 알게 했어요. (　　　　　　　)
→ Her one simple word helped people see their mistakes.

한자어 정답

1

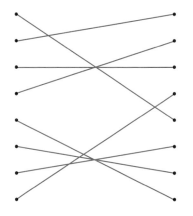

發 (발/필)

音 (음/소리)

方 (방/모, 방향)

言 (언/말씀)

交 (교/사귈, 교차할)

換 (환/바꿀, 교환할)

辭 (사/말씀, 해설할)

典 (전/법, 책)

sound

words

square, direction

law, book

bloom

words, explain

change, exchange

interact, cross

2 발음(發音) : 발(發) + 음(音) = 발음 (pronunciation)

방언(方言) : 방(方) + 언(言) = 방언 (dialect)

교환(交換) : 교(交) + 환(換) = 교환 (exchange)

사전(辭典) : 사(辭) + 전(典) = 사전 (dictionary)

한자 성어 정답

1 언중유골(言中有骨)

words that carry a hidden or significant meaning
숨겨진 혹은 중요한 의미를 담고 있는 말

일언지하(一言之下)

a few words that have a powerful impact
강력한 영향을 주는 몇 마디 말

촌철살인(寸鐵殺人)

cutting it short with a single word
한 마디로 딱 잘라 끝냄

2 1. 일언지하   2. 언중유골   3. 촌철살인

 77 대화(Conversation)

대화(對話)란 두 사람 이상이 서로의 생각과 감정을 표현하고 주고받는 소통 방법을 말해요. 대화를 통해 우리는 서로를 이해하고, 문제를 해결하거나, 즐거운 이야기를 나눌 수 있어요. 대화는 가까운 친구뿐만 아니라 새로운 사람과의 만남에서 이루어지기도 해요. 대화를 통해 상대방의 이야기를 듣고 공감하며, 서로 더 가까워질 수 있어요. 대화는 우리의 관계를 더욱 깊게 만들어 주고, 서로의 생각을 나누는 데 중요한 역할을 해요.

[**관련 한자어**]

화제(話題)   설문(設問)   회의(會議)   발언(發言)

[**관련 한자 성어**]

자문자답(自問自答)   동문서답(東問西答)   불문가지(不問可知)

한자어 학습

1 주어진 한자어와 영어 단어를 알맞게 연결하시오.

한자어 (음/뜻)	영어 단어

話 (화/말씀, 이야기) •   •   words

題 (제/제목) •   •   words, story

設 (설/베풀) •   •   bloom

問 (문/물을) •   •   title

會 (회/모일) •   •   discuss

議 (의/의논할) •   •   offer

發 (발/필) •   •   gather

言 (언/말씀) •   •   ask

2 한자와 뜻이 같도록 빈칸에 알맞은 주어진 영단어를 넣으시오.

topic   survey   remark   meeting

화제(話題) : 화(話) + 제(題) = 화제 (   )

설문(設問) : 설(設) + 문(問) = 설문 (   )

회의(會議) : 회(會) + 의(議) = 회의 (   )

발언(發言) : 발(發) + 언(言) = 발언 (   )

한자 성어 학습

1 주어진 한자 성어와 영어(우리말) 설명이 맞도록 연결하시오.

한자 성어	영어(우리말) 설명
자문자답(自問自答) •	• giving an irrelevant or unrelated answer 엉뚱하거나 관련 없는 대답을 함
동문서답(東問西答) •	• asking and answering one's own questions 스스로 질문하고 답함
불문가지(不問可知) •	• obvious without needing to ask 물어보지 않아도 명백한

2 주어진 내용에 맞는 한자 성어를 빈칸에 알맞게 넣으시오. (한글만 작성)

> 자문자답(自問自答)   동문서답(東問西答)   불문가지(不問可知)

1. 질문과는 완전히 관련 없는 답이 돌아왔어요. (   )

→ The answer was completely unrelated to the question.

2. 내일 시험을 위해 공부를 열심히 해야 하는 건 당연해요. (   )

→ It's obvious we should study hard for tomorrow's test.

3. 대현이는 질문을 하더니 스스로 답을 말했어요. (   )

→ Daehyeon asked a question and then answered it himself.

한자어 정답

1

話 (화/말씀, 이야기) ——————— words
題 (제/제목) ——————— words, story
設 (설/베풀) ——————— bloom
問 (문/물을) ——————— title
會 (회/모일) ——————— discuss
議 (의/의논할) ——————— offer
發 (발/필) ——————— gather
言 (언/말씀) ——————— ask

2

화제(話題) : 화(話) + 제(題) = 화제 (topic)

설문(設問) : 설(設) + 문(問) = 설문 (survey)

회의(會議) : 회(會) + 의(議) = 회의 (meeting)

발언(發言) : 발(發) + 언(言) = 발언 (remark)

한자 성어 정답

1

자문자답(自問自答) ——— giving an irrelevant or unrelated answer
엉뚱하거나 관련 없는 대답을 함

동문서답(東問西答) ——— asking and answering one's own questions
스스로 질문하고 답함

불문가지(不問可知) ——— obvious without needing to ask
물어보지 않아도 명백한

2 1. 동문서답　　2. 불문가지　　3. 자문자답

78 쓰기(Writing)

쓰기(記)란 자신의 생각이나 감정을 글로 표현하고 다른 사람들과 소통하는 활동을 말해요. 쓰기를 통해 우리는 일상적인 메모부터 창의적인 이야기까지 다양한 글을 쓸 수 있어요. 쓰기는 일기나 편지를 통해 감정을 표현하거나, 보고서와 같은 문서로 정보를 전달하는 데 사용돼요. 또한 쓰기는 우리의 생각을 정리하고 깊이 있는 사고를 할 수 있도록 도와줘요. 글을 통해 우리는 자신을 표현하고, 다른 사람들과 생각을 나누며 소통할 수 있어요.

[관련 한자어]

필기(筆記)   작문(作文)   논술(論述)   요약(要約)

[관련 한자 성어]

일필휘지(一筆揮之)   거두절미(去頭截尾)   능문능필(能文能筆)

한자어 학습

1 주어진 한자어와 영어 단어를 알맞게 연결하시오.

한자어 (음/뜻)		영어 단어
筆 (필/붓)	•	• record
記 (기/기록할)	•	• brush
作 (작/지을, 작품)	•	• text
文 (문/글월)	•	• make, work
論 (논/논할)	•	• spread, describe
述 (술/펼, 서술할)	•	• discuss
要 (요/요긴할)	•	• tie
約 (약/맺을)	•	• important

※ 요긴하다 : 꼭 필요하고 중요하다.

2 한자와 뜻이 같도록 빈칸에 알맞은 주어진 영단어를 넣으시오.

note taking   essay   composition   summary

필기(筆記) : 필(筆) + 기(記) = 필기 (   )

작문(作文) : 작(作) + 문(文) = 작문 (   )

논술(論述) : 논(論) + 술(述) = 논술 (   )

요약(要約) : 요(要) + 약(約) = 요약 (   )

한자 성어 학습

① 주어진 한자 성어와 영어(우리말) 설명이 맞도록 연결하시오.

한자 성어	영어(우리말) 설명

일필휘지(一筆揮之) •

거두절미(去頭截尾) •

능문능필(能文能筆) •

• skilled in both writing and calligraphy
글쓰기와 글씨 쓰는 능력이 모두 탁월한

• writing something swiftly and smoothly
신속하고 매끄럽게 글을 씀

• cutting straight to the point
핵심만 딱 잘라 말하는 것

② 주어진 내용에 맞는 한자 성어를 빈칸에 알맞게 넣으시오. (한글만 작성)

일필휘지(一筆揮之)　거두절미(去頭截尾)　능문능필(能文能筆)

1. 그 선생님은 글씨가 우아하고 글도 논리적으로 써요. (　　　　　　　)

→ The teacher has elegant handwriting and writes logically.

2. 민수는 발표할 때 핵심만 말해서 시간이 절약되었어요. (　　　　　　　)

→ Minsu saved time by speaking only the main points.

3. 은지는 연습한 글을 한 번에 매끄럽게 써냈어요. (　　　　　　　)

→ Eunji wrote her practiced piece smoothly in one go.

한자어 정답 ⁓⁓⁓⁓⁓⁓⁓⁓⁓⁓⁓⁓⁓⁓⁓⁓⁓⁓⁓⁓⁓⁓⁓

1

筆 (필/붓) ——————— record

記 (기/기록할) ——————— brush

作 (작/지을, 작품) ——————— text

文 (문/글월) ——————— make, work

論 (논/논할) ——————— spread, describe

述 (술/펼, 서술할) ——————— discuss

要 (요/요긴할) ——————— tie

約 (약/맺을) ——————— important

2

필기(筆記) : 필(筆) + 기(記) = 필기 (note taking)

작문(作文) : 작(作) + 문(文) = 작문 (composition)

논술(論述) : 논(論) + 술(述) = 논술 (essay)

요약(要約) : 요(要) + 약(約) = 요약 (summary)

한자 성어 정답 ⁓⁓⁓⁓⁓⁓⁓⁓⁓⁓⁓⁓⁓⁓⁓⁓⁓⁓⁓⁓⁓

1

일필휘지(一筆揮之) ——————— skilled in both writing and calligraphy
글쓰기와 글씨 쓰는 능력이 모두 탁월한

거두절미(去頭截尾) ——————— writing something swiftly and smoothly
신속하고 매끄럽게 글을 씀

능문능필(能文能筆) ——————— cutting straight to the point
핵심만 딱 잘라 말하는 것

2 1. 능문능필   2. 거두절미   3. 일필휘지

79 듣기(Listening)

듣기(聽)란 소리를 귀로 받아들이고 이해하는 활동을 말해요. 듣기를 통해 우리는 주변의 소리를 인식하고, 다른 사람의 말을 이해하며, 음악을 감상할 수 있어요. 듣기는 일상 대화를 나누거나 강의를 들을 때, 그리고 자연의 소리를 즐길 때도 필요해요. 듣기를 잘하면 상대방의 감정에 공감할 수 있고, 소통을 원활하게 할 수 있어요. 듣기는 우리 삶에서 중요한 정보를 얻고 사람들과 깊이 있게 연결될 수 있도록 도와주는 소중한 능력이에요.

[**관련 한자어**]

청각(聽覺)   음성(音聲)   청취(聽取)   음향(音響)

[**관련 한자 성어**]

세이공청(洗耳恭聽)   충언역이(忠言逆耳)   청이불문(聽而不聞)

한자어 학습

1 주어진 한자어와 영어 단어를 알맞게 연결하시오.

한자어 (음/뜻)	영어 단어

聽 (청/들을)   •   •   sound

覺 (각/깨달을)   •   •   ring

音 (음/소리)   •   •   have, take

聲 (성/소리, 음악) •   •   hear

取 (취/가질, 취할) •   •   sound, music

響 (향/울릴)   •   •   realize

2 한자와 뜻이 같도록 빈칸에 알맞은 주어진 영단어를 넣으시오.

voice   hearing   listening   sound

청각(聽覺) : 청(聽) + 각(覺) = 청각 (   )

음성(音聲) : 음(音) + 성(聲) = 음성 (   )

청취(聽取) : 청(聽) + 취(取) = 청취 (   )

음향(音響) : 음(音) + 향(響) = 음향 (   )

한자 성어 학습

1 주어진 한자 성어와 영어(우리말) 설명이 맞도록 연결하시오.

한자 성어	영어(우리말) 설명

세이공청(洗耳恭聽) •

충언역이(忠言逆耳) •

청이불문(聽而不聞) •

• Honest advice is often hard to hear.
정직한 조언은 종종 듣기 어렵다.

• listening attentively with respect
존중의 마음으로 귀 기울여 들음

• hearing without truly listening
제대로 듣지 않고 흘려들음

2 주어진 내용에 맞는 한자 성어를 빈칸에 알맞게 넣으시오. (한글만 작성)

세이공청(洗耳恭聽) 충언역이(忠言逆耳) 청이불문(聽而不聞)

1. 철수는 선생님의 말씀을 흘려들었어요. (   )

→ Chulsoo did not truly listen to what the teacher said.

2. 민수는 친구의 말을 귀담아들었어요. (   )

→ Minsu listened to his friend with full attention.

3. 지민이는 선생님의 솔직한 충고가 듣기 힘들었어요. (   )

→ Jimin found it hard to hear the teacher's honest advice.

한자어 정답

1

聽 (청/들을)

覺 (각/깨달을)

音 (음/소리)

聲 (성/소리, 음악)

取 (취/가질, 취할)

響 (향/울릴)

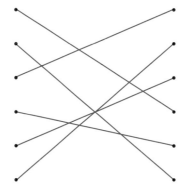

sound

ring

have, take

hear

sound, music

realize

2 청각(聽覺) : 청(聽) + 각(覺) = 청각 (hearing)

음성(音聲) : 음(音) + 성(聲) = 음성 (voice)

청취(聽取) : 청(聽) + 취(取) = 청취 (listening)

음향(音響) : 음(音) + 향(響) = 음향 (sound)

한자 성어 정답

1

세이공청(洗耳恭聽)

충언역이(忠言逆耳)

청이불문(聽而不聞)

Honest advice is often hard to hear.
정직한 조언은 종종 듣기 어렵다.

listening attentively with respect
존중의 마음으로 귀 기울여 들음

hearing without truly listening
제대로 듣지 않고 흘려들음

2 1. 청이불문   2. 세이공청   3. 충언역이

80 읽기 (Reading)

읽기(讀)란 글자를 보고 그 내용을 이해하는 활동을 말해요. 읽기를 통해 우리는 책이나 문서를 읽으며 새로운 지식을 얻고, 다른 사람의 생각과 감정을 느낄 수 있어요. 읽기는 이야기 속에서 상상력을 키우거나 정보를 이해하는 데 중요한 역할을 해요. 짧은 문장부터 긴 글까지 다양한 방식으로 읽기는 우리의 생각의 폭을 넓혀줘요. 읽기를 잘하면 더 깊이 있는 이해와 사고를 할 수 있고, 다른 사람들과의 소통에도 도움이 돼요.

[관련 한자어]

어휘(語彙)   문해(文解)   음독(音讀)   요점(要點)

[관련 한자 성어]

위편삼절(韋編三絶)   독서삼여(讀書三餘)   독서백편(讀書百遍)

한자어 학습

1 주어진 한자어와 영어 단어를 알맞게 연결하시오.

한자어 (음/뜻)	영어 단어

語 (어/말씀) •
彙 (휘/무리) •
文 (문/글월) •
解 (해/풀, 풀이할) •
音 (음/소리) •
讀 (독/읽을) •
要 (요/요긴할) •
點 (점/점) •

• untie, interpret
• words
• sound
• read
• group
• important
• point
• text

2 한자와 뜻이 같도록 빈칸에 알맞은 주어진 영단어를 넣으시오.

literacy   key point   vocabulary   reading aloud

어휘(語彙) : 어(語) + 휘(彙) = 어휘 (   )

문해(文解) : 문(文) + 해(解) = 문해 (   )

음독(音讀) : 음(音) + 독(讀) = 음독 (   )

요점(要點) : 요(要) + 점(點) = 요점 (   )

한자 성어 학습

1 주어진 한자 성어와 영어(우리말) 설명이 맞도록 연결하시오.

한자 성어	영어(우리말) 설명

위편삼절(韋編三絶) •

독서삼여(讀書三餘) •

독서백편(讀書百遍) •

• Reading repeatedly brings understanding.
반복적으로 독서하는 것은 이해를 가져온다.

• reading so much that the book's binding breaks
책의 묶음이 끊어질 정도로 여러 번 읽음

• the three best times for reading
독서하기 좋은 세 가지 시간

2 주어진 내용에 맞는 한자 성어를 빈칸에 알맞게 넣으시오. (한글만 작성)

위편삼절(韋編三絶)   독서삼여(讀書三餘)   독서백편(讀書百遍)

1. 민호는 같은 내용을 반복해서 읽다가 마침내 내용을 완전히 이해했어요. (   )

→ Minho finally understood the content after reading it repeatedly.

2. 현우는 아침 일찍 조용할 때 책 읽는 것을 좋아해요. (   )

→ Hyunwoo likes to read when it's quiet early in the morning.

3. 유나는 그 책이 너덜너덜해질 때까지 계속해서 읽었어요. (   )

→ Yuna read the book over and over until it fell apart.

한자어 정답 ～～～～～～～～～～～～～～～～～～～～～

1
語 (어/말씀)   untie, interpret

彙 (휘/무리)   words

文 (문/글월)   sound

解 (해/풀, 풀이할)   read

音 (음/소리)   group

讀 (독/읽을)   important

要 (요/요긴할)   point

點 (점/점)   text

2
어휘(語彙) : 어(語) + 휘(彙) = 어휘 (vocabulary)

문해(文解) : 문(文) + 해(解) = 문해 (literacy)

음독(音讀) : 음(音) + 독(讀) = 음독 (reading aloud)

요점(要點) : 요(要) + 점(點) = 요점 (key point)

한자 성어 정답 ～～～～～～～～～～～～～～～～～～～～～

1
위편삼절(韋編三絕)   Reading repeatedly brings understanding.
                               반복적으로 독서하는 것은 이해를 가져온다.

독서삼여(讀書三餘)   reading so much that the book's binding breaks
                               책의 묶음이 끊어질 정도로 여러 번 읽음

독서백편(讀書百遍)   the three best times for reading
                               독서하기 좋은 세 가지 시간

2   1. 독서백편   2. 독서삼여   3. 위편삼절

81 목표 설정(Goal Setting)

목표 설정(目標設定)이란 자신이 이루고자 하는 바를 정하고, 이를 달성하기 위해 구체적인 계획을 세우는 것을 의미해요. 목표를 설정하면 우리가 무엇을 향해 나아가야 할지 명확해지고, 성취를 위한 동기를 얻을 수 있어요. 목표는 작은 일상적인 일부터 큰 인생의 꿈까지 다양할 수 있으며, 이를 이루기 위해 필요한 단계를 하나씩 실천해 나가는 과정이 중요해요. 목표 설정은 우리의 능력을 성장시키고 성취감을 느끼게 하며, 나아가 삶을 발전시키는 데 큰 도움이 돼요.

[**관련 한자어**]

도전(挑戰)   계획(計劃)   의도(意圖)   단계(段階)

[**관련 한자 성어**]

명명백백(明明白白)   지성감천(至誠感天)   초지일관(初志一貫)

1 주어진 한자어와 영어 단어를 알맞게 연결하시오.

한자어 (음/뜻)		영어 단어

挑 (도/돋울) •
戰 (전/싸움) •
計 (계/셀) •
劃 (획/그을) •
意 (의/뜻) •
圖 (도/그림) •
段 (단/조각) •
階 (계/섬돌) •

• draw
• meaning
• raise
• steppingstone
• piece
• fight
• picture
• count

※ 돋우다 : 위로 끌어 올려 도드라지거나 높아지게 하다.
※ 섬돌 : 집채의 앞뒤에 오르내릴 수 있게 놓은 돌층계

2 한자와 뜻이 같도록 빈칸에 알맞은 주어진 영단어를 넣으시오.

plan   challenge   intention   step

도전(挑戰) : 도(挑) + 전(戰) = 도전 (   )

계획(計劃) : 계(計) + 획(劃) = 계획 (   )

의도(意圖) : 의(意) + 도(圖) = 의도 (   )

단계(段階) : 단(段) + 계(階) = 단계 (   )

한자 성어 학습

1 주어진 한자 성어와 영어(우리말) 설명이 맞도록 연결하시오.

한자 성어	영어(우리말) 설명

명명백백(明明白白)　•

지성감천(至誠感天)　•

초지일관(初志一貫)　•

• Sincerity moves heaven.
　진실함은 하늘도 감동시킨다.

• crystal-clear truth
　명확하고 분명한 진리

• staying true to one's original intention
　자신의 원래 의도에 충실함

2 주어진 내용에 맞는 한자 성어를 빈칸에 알맞게 넣으시오. (한글만 작성)

> 명명백백(明明白白)　지성감천(至誠感天)　초지일관(初志一貫)

1. 유하는 처음 결심했던 꿈을 포기하지 않고 꾸준히 노력하고 있어요. (　　　　　)

→ Yooha keeps trying without giving up on his first dream.

2. 민수는 정성을 다해 준비해 결국 좋은 결과를 얻었어요. (　　　　　)

→ Minsu put in his best effort and got a good result.

3. 선생님께서 설명해 주신 내용이 이제 확실히 이해돼요. (　　　　　)

→ Now I understand clearly what the teacher explained.

한자어 정답

1

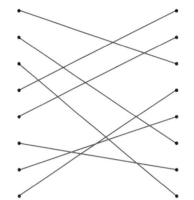

挑 (도/돋울) — steppingstone
戰 (전/싸움) — count
計 (계/셀) — piece
劃 (획/그을) — draw
意 (의/뜻) — fight
圖 (도/그림) — meaning
段 (단/조각) — raise
階 (계/섬돌) — picture

2 도전(挑戰) : 도(挑) + 전(戰) = 도전 (challenge)

계획(計劃) : 계(計) + 획(劃) = 계획 (plan)

의도(意圖) : 의(意) + 도(圖) = 의도 (intention)

단계(段階) : 단(段) + 계(階) = 단계 (step)

한자 성어 정답

1

명명백백(明明白白) — crystal-clear truth
명확하고 분명한 진리

지성감천(至誠感天) — Sincerity moves heaven.
진실함은 하늘도 감동시킨다.

초지일관(初志一貫) — staying true to one's original intention
자신의 원래 의도에 충실함

2 1. 초지일관   2. 지성감천   3. 명명백백

82 성과(Achievement)

성과(成果)란 우리가 노력하고 계획한 일을 통해 얻은 결과를 의미해요. 성과는 열심히 공부하거나 일을 해서 좋은 결과를 내는 것처럼, 목표를 이루기 위해 노력한 뒤에 나타나는 것들이에요. 작은 목표를 이루면서 얻는 성과부터, 큰 프로젝트에서 이루어지는 성과까지 다양하게 나타날 수 있지요. 성과를 통해 우리는 자신감을 얻고, 더 나아갈 힘을 키울 수 있어요.

[관련 한자어]

성취(成就)   완수(完遂)   실현(實現)   결실(結實)

[관련 한자 성어]

고진감래(苦盡甘來)   마부위침(磨斧爲針)   정신일도(精神一到)

한자어 학습

1 주어진 한자어와 영어 단어를 알맞게 연결하시오.

한자어 (음/뜻)	영어 단어

成 (성/이룰) •   • go forward

就 (취/나아갈) •   • tie

完 (완/완전할) •   • appear

遂 (수/드디어) •   • fruit

實 (실/열매) •   • achieve

現 (현/나타날) •   • finally

結 (결/맺을) •   • complete

2 한자와 뜻이 같도록 빈칸에 알맞은 주어진 영단어를 넣으시오.

achievement   realization   fruition   completion

성취(成就) : 성(成) + 취(就) = 성취 (   )

완수(完遂) : 완(完) + 수(遂) = 완수 (   )

실현(實現) : 실(實) + 현(現) = 실현 (   )

결실(結實) : 결(結) + 실(實) = 결실 (   )

한자 성어 학습

① 주어진 한자 성어와 영어(우리말) 설명이 맞도록 연결하시오.

한자 성어	영어(우리말) 설명

고진감래(苦盡甘來)　•

마부위침(磨斧爲針)　•

정신일도(精神一到)　•

• achieving results by endlessly repeating the same action
같은 행동을 무한히 반복하여 결과를 만듦

• Where there's a will, there's a way.
뜻이 있는 곳에 길이 있다.

• Sweet comes after bitter.
쓴 것이 지나가면 단 것이 온다.

② 주어진 내용에 맞는 한자 성어를 빈칸에 알맞게 넣으시오. (한글만 작성)

고진감래(苦盡甘來)　마부위침(磨斧爲針)　정신일도(精神一到)

1. 채원이는 어려운 시기를 잘 견디고 나서 큰 기쁨을 찾았어요. (　　　　　　)

→ Chaewon endured tough times and then found great happiness.

2. 서준이는 모든 힘을 집중해 어려운 목표를 끝내 이루었어요. (　　　　　　)

→ Seojun focused all his energy and finally achieved his difficult goal.

3. 지영이는 반복해서 나무를 깎아서 마침내 의자를 만들었어요. (　　　　　　)

→ Jiyoung repeatedly carved the wood and finally made a chair.

한자어 정답

1

成 (성/이룰)	go forward
就 (취/나아갈)	tie
完 (완/완전할)	appear
遂 (수/드디어)	fruit
實 (실/열매)	achieve
現 (현/나타날)	finally
結 (결/맺을)	complete

2 성취(成就) : 성(成) + 취(就) = 성취 (achievement)

완수(完遂) : 완(完) + 수(遂) = 완수 (completion)

실현(實現) : 실(實) + 현(現) = 실현 (realization)

결실(結實) : 결(結) + 실(實) = 결실 (fruition)

한자 성어 정답

1

고진감래(苦盡甘來)

achieving results by endlessly repeating the same action
같은 행동을 무한히 반복하여 결과를 만듦

마부위침(磨斧爲針)

Where there's a will, there's a way.
뜻이 있는 곳에 길이 있다.

정신일도(精神一到)

Sweet comes after bitter.
쓴 것이 지나가면 단 것이 온다.

2 1. 고진감래   2. 정신일도   3. 마부위침

83 변화(Change)

변화(變化)란 어떤 것이 이전과 달라지거나 새로운 모습으로 바뀌는 것을 말해요. 변화는 계절이 바뀌는 것처럼 자연스럽게 일어날 수도 있고, 스스로 노력해서 만들어내는 변화도 있어요. 우리가 새로운 기술을 배우거나 새로운 환경에 적응하는 것도 모두 변화의 한 예시예요. 변화를 통해 우리는 성장하고, 새로운 경험과 기회를 만나며 더 나은 자신이 될 수 있어요.

[**관련 한자어**]

감화(感化)   진보(進步)   적응(適應)   개선(改善)

[**관련 한자 성어**]

일신우일신(日新又日新)   환골탈태(換骨奪胎)   대기만성(大器晩成)

한자어 학습

1 주어진 한자어와 영어 단어를 알맞게 연결하시오.

한자어 (음/뜻)	영어 단어

感 (감/느낄) •   • good

化 (화/될) •   • correct

進 (진/나아갈) •   • respond

步 (보/걸음) •   • right

適 (적/맞을) •   • step

應 (응/응할) •   • proceed

改 (개/고칠) •   • become

善 (선/착할) •   • feel

2 한자와 뜻이 같도록 빈칸에 알맞은 주어진 영단어를 넣으시오.

adaptation   inspiration   improvement   progress

감화(感化) : 감(感) + 화(化) = 감화 (   )

진보(進步) : 진(進) + 보(步) = 진보 (   )

적응(適應) : 적(適) + 응(應) = 적응 (   )

개선(改善) : 개(改) + 선(善) = 개선 (   )

한자 성어 학습

1 주어진 한자 성어와 영어(우리말) 설명이 맞도록 연결하시오.

한자 성어	영어(우리말) 설명

일신우일신(日新又日新) •

환골탈태(換骨奪胎) •

대기만성(大器晩成) •

• Great talent takes time to mature.
위대한 재능은 성숙하는데 시간이 걸린다.

• constantly renewing and improving oneself
끊임없이 새로워지고 스스로를 발전시킴

• transforming into a completely new form
완전히 새로운 모습으로 변신함

2 주어진 내용에 맞는 한자 성어를 빈칸에 알맞게 넣으시오. (한글만 작성)

일신우일신(日新又日新) 환골탈태(換骨奪胎) 대기만성(大器晩成)

1. 세아는 시간이 걸렸지만 결국 큰 성과를 이루었어요. (   )

→ Seah took her time but achieved great success in the end.

2. 지훈이는 매일 조금씩 더 나아지려고 노력하고 있어요. (   )

→ Jihun tries to improve a little every day.

3. 지혜는 노력하여 예전과는 완전히 달라진 모습으로 변했어요. (   )

→ Jihae worked hard and transformed into a completely different person.

한자어 정답

1

感 (감/느낄)
化 (화/될)
進 (진/나아갈)
步 (보/걸음)
適 (적/맞을)
應 (응/응할)
改 (개/고칠)
善 (선/착할)

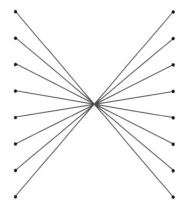

good
correct
respond
right
step
proceed
become
feel

2 감화(感化) : 감(感) + 화(化) = 감화 (inspiration)

진보(進步) : 진(進) + 보(步) = 진보 (progress)

적응(適應) : 적(適) + 응(應) = 적응 (adaptation)

개선(改善) : 개(改) + 선(善) = 개선 (improvement)

한자 성어 정답

1

일신우일신(日新又日新)

환골탈태(換骨奪胎)

대기만성(大器晩成)

Great talent takes time to mature.
위대한 재능은 성숙하는데 시간이 걸린다.

constantly renewing and improving oneself
끊임없이 새로워지고 스스로를 발전시킴

transforming into a completely new form
완전히 새로운 모습으로 변신함

2 1. 대기만성   2. 일신우일신   3. 환골탈태

84 자기 계발(Self-Development)

자기 계발(自己啓發)이란 자신의 능력과 지식을 더 키우고 발전시키기 위한 노력을 말해요. 자기 계발을 통해 우리는 새로운 기술을 배우거나, 부족한 점을 보완하고, 더 나은 자신이 되기 위해 노력할 수 있어요. 책을 읽거나 새로운 도전을 하고, 스스로 목표를 세워 이뤄 나가는 과정에서 자기 계발이 이루어져요. 이를 통해 자신감이 높아지고 다양한 기회를 만나며 더 크게 성장할 수 있어요.

[관련 한자어]

노력(努力)   의지(意志)   훈련(訓練)   성숙(成熟)

[관련 한자 성어]

분골쇄신(粉骨碎身)   자강불식(自强不息)   근신수양(謹身修養)

한자어 학습

1 주어진 한자어와 영어 단어를 알맞게 연결하시오.

한자어 (음/뜻)	영어 단어

努 (노/힘쓸) •   • meaning, thought

力 (력/힘) •   • temper, practice

意 (의/뜻, 생각) •   • meaning, feeling

志 (지/뜻, 감정) •   • achieve

訓 (훈/가르칠, 훈계할) •   • teach, discipline

練 (련/불릴, 익힐) •   • strive

成 (성/이룰) •   • ripe

熟 (숙/익을) •   • power

※ 불리다 : 성질이나 모양 따위를 바꾸려고 쇠를 불에 달구어 무르게 하다.

2 한자와 뜻이 같도록 빈칸에 알맞은 주어진 영단어를 넣으시오.

> training   effort   willpower   maturity

노력(努力) : 노(努) + 력(力) = 노력 (   )

의지(意志) : 의(意) + 지(志) = 의지 (   )

훈련(訓練) : 훈(訓) + 련(練) = 훈련 (   )

성숙(成熟) : 성(成) + 숙(熟) = 성숙 (   )

한자 성어 학습

1 주어진 한자 성어와 영어(우리말) 설명이 맞도록 연결하시오.

한자 성어	영어(우리말) 설명

분골쇄신(粉骨碎身) •

자강불식(自强不息) •

근신수양(謹身修養) •

• continuous self-improvement without rest
쉬지 않고 끊임없이 자기 발전

• making every possible sacrifice and effort
모든 가능한 희생과 노력을 기울임

• cultivating oneself through careful discipline
신중한 훈련을 통해 자신을 다스림

2 주어진 내용에 맞는 한자 성어를 빈칸에 알맞게 넣으시오. (한글만 작성)

> 분골쇄신(粉骨碎身)   자강불식(自强不息)   근신수양(謹身修養)

1. 우빈이는 목표를 위해 쉬지 않고 스스로를 단련하고 있어요. (   )

→ Woobin keeps training himself without rest for his goal.

2. 라희는 자신의 약점을 극복하기 위해 뼈 속까지 노력했어요. (   )

→ Lahee worked herself to the bone to overcome her weaknesses.

3. 수민이는 항상 바르게 행동하고 자신을 절제하려고 노력해요. (   )

→ Sumin always strives to act correctly and control herself.

한자어 정답

1

努 (노/힘쓸)
力 (력/힘)
意 (의/뜻, 생각)
志 (지/뜻, 감정)
訓 (훈/가르칠, 훈계할)
練 (련/불릴, 익힐)
成 (성/이룰)
熟 (숙/익을)

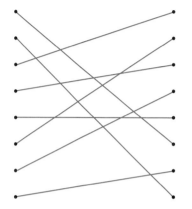

meaning, thought
temper, practice
meaning, feeling
achieve
teach, discipline
strive
ripe
power

2 노력(努力) : 노(努) + 력(力) = 노력 (effort)

의지(意志) : 의(意) + 지(志) = 의지 (willpower)

훈련(訓練) : 훈(訓) + 련(練) = 훈련 (training)

성숙(成熟) : 성(成) + 숙(熟) = 성숙 (maturity)

한자 성어 정답

1

분골쇄신(粉骨碎身)

자강불식(自强不息)

근신수양(謹身修養)

continuous self-improvement without rest
쉬지 않고 끊임없이 자기 발전

making every possible sacrifice and effort
모든 가능한 희생과 노력을 기울임

cultivating oneself through careful discipline
신중한 훈련을 통해 자신을 다스림

2 1. 자강불식   2. 분골쇄신   3. 근신수양

85 시간 관리(Time Management)

시간 관리(時間管理)란 주어진 시간을 효과적으로 계획하고 사용하는 것을 말해요. 시간을 잘 관리하면 하고 싶은 일을 더 많이 할 수 있고, 목표를 이루기 위한 일들을 효율적으로 처리할 수 있어요. 일정을 짜고 중요한 일부터 차근차근 해결하면서 시간을 아끼는 것이 중요해요. 시간을 잘 관리하면 바쁘더라도 스트레스를 줄이고 여유를 가질 수 있으며, 더 나은 결과를 얻을 수 있어요.

[**관련** 한자어]

일정(日程)   준비(準備)   효율(效率)   집중(集中)

[**관련** 한자 성어]

점입가경(漸入佳境)   함흥차사(咸興差使)   일각천금(一刻千金)

한자어 학습

1 주어진 한자어와 영어 단어를 알맞게 연결하시오.

한자어 (음/뜻)	영어 단어

日 (일/날) •

程 (정/한도) •

準 (준/준할) •

備 (비/갖출, 준비할) •

效 (효/본받을, 살필) •

率 (율/비율) •

集 (집/모을) •

中 (중/가운데) •

• standard

• equip, prepare

• emulate, look

• day

• rate

• center

• limit

• gather

※ 본받다 : 본보기로 하여 그대로 따라 하다.

2 한자와 뜻이 같도록 빈칸에 알맞은 주어진 영단어를 넣으시오.

focus   schedule   efficiency   preparation

일정(日程) : 일(日) + 정(程) = 일정 (   )

준비(準備) : 준(準) + 비(備) = 준비 (   )

효율(效率) : 효(效) + 율(率) = 효율 (   )

집중(集中) : 집(集) + 중(中) = 집중 (   )

한자 성어 학습

1 주어진 한자 성어와 영어(우리말) 설명이 맞도록 연결하시오.

한자 성어	영어(우리말) 설명

점입가경(漸入佳境) •

• someone who does not return after being sent
보낸 뒤로 돌아오지 않는 사람

함흥차사(咸興差使) •

• Every moment is precious.
모든 순간이 소중하다.

일각천금(一刻千金) •

• Things get worse and more disgraceful over time.
시간이 지나며 점점 더 악화되고 더 치욕스러워진다.

2 주어진 내용에 맞는 한자 성어를 빈칸에 알맞게 넣으시오. (한글만 작성)

점입가경(漸入佳境)　함흥차사(咸興差使)　일각천금(一刻千金)

1. 선생님이 심부름을 보냈는데 그는 절대 돌아오지 않았어요. (　　　　　　)

→ The teacher sent him on an errand, but he never came back.

2. 일이 진행될수록 상황이 점점 더 엉망이 되고 있어요. (　　　　　　)

→ The situation keeps getting worse as things progress.

3. 방과 후 시간은 낭비하기에는 너무 소중해요. (　　　　　　)

→ After-school time is too precious to waste.

한자어 정답

1

日 (일/날) — day

程 (정/한도) — limit

準 (준/준할) — emulate, look

備 (비/갖출, 준비할) — equip, prepare

效 (효/본받을, 살필) — standard

率 (율/비율) — rate

集 (집/모을) — gather

中 (중/가운데) — center

2 일정(一定) : 일(一) + 정(定) = 일정 (schedule)

준비(準備) : 준(準) + 비(備) = 준비 (preparation)

효율(效率) : 효(效) + 율(率) = 효율 (efficiency)

집중(集中) : 집(集) + 중(中) = 집중 (focus)

한자 성어 정답

1

점입가경(漸入佳境) — Things get worse and more disgraceful over time.
시간이 지나며 점점 더 악화되고 더 치욕스러워진다.

함흥차사(咸興差使) — someone who does not return after being sent
보낸 뒤로 돌아오지 않는 사람

일각천금(一刻千金) — Every moment is precious.
모든 순간이 소중하다.

2 1. 함흥차사　　2. 점입가경　　3. 일각천금

86 도덕(Morality)

도덕(道德)이란 사람으로서 바르고 착하게 행동하는 규칙이나 기준을 의미해요. 도덕은 우리가 올바르게 행동하고, 서로를 존중하며 살아가도록 돕는 중요한 원칙이에요. 친구와의 약속을 지키고, 거짓말을 하지 않거나 다른 사람을 배려하는 것 모두 도덕에 해당해요. 도덕을 지킴으로써 우리는 서로 신뢰할 수 있고, 더 좋은 사회를 만들어 갈 수 있어요.

[관련 한자어]

예의(禮儀)   겸손(謙遜)   공경(恭敬)   효도(孝道)

[관련 한자 성어]

대의명분(大義名分)   극기복례(克己復禮)   겸양지덕(謙讓之德)

한자어 학습

1 주어진 한자어와 영어 단어를 알맞게 연결하시오.

한자어 (음/뜻)	영어 단어

禮 (예/예도) •   • humble

儀 (의/거동) •   • path

謙 (겸/겸손할) •   • manner

遜 (손/겸손할, 순할) •   • filial piety

恭 (공/공손할) •   • humble, gentle

敬 (경/공경) •   • polite

孝 (효/효도) •   • behavior

道 (도/길) •   • respect

2 한자와 뜻이 같도록 빈칸에 알맞은 주어진 영단어를 넣으시오.

filial piety   manners   respect   humility

예의(禮儀) : 예(禮) + 의(儀) = 예의 (   )

겸손(謙遜) : 겸(謙) + 손(遜) = 겸손 (   )

공경(恭敬) : 공(恭) + 경(敬) = 공경 (   )

효도(孝道) : 효(孝) + 도(道) = 효도 (   )

한자 성어 학습

① 주어진 한자 성어와 영어(우리말) 설명이 맞도록 연결하시오.

한자 성어	영어(우리말) 설명

대의명분(大義名分) •

극기복례(克己復禮) •

겸양지덕(謙讓之德) •

• self-control and return to proper behavior
자기 통제와 올바른 행동으로의 회복

• duties or morals one must uphold as a human
사람으로서 마땅히 지켜야 할 의무나 도리

• the virtue of humility
겸손의 미덕

② 주어진 내용에 맞는 한자 성어를 빈칸에 알맞게 넣으시오. (한글만 작성)

대의명분(大義名分)　　극기복례(克己復禮)　　겸양지덕(謙讓之德)

1. 효린이는 대의를 위해 자신의 이익을 양보했어요. (　　　　　　　)

→ Hyorin gave up her own interests for a greater cause.

2. 온유는 화가 나도 마음을 다스리고 예의 바르게 행동했어요. (　　　　　　　)

→ Onew controlled his anger and acted politely.

3. 태연이는 다른 친구들에게 겸손과 존중으로 대했어요. (　　　　　　　)

→ Taeyeon treated others with humility and respect.

한자어 정답

1

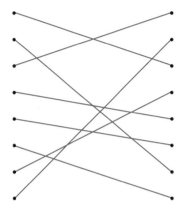

禮 (예/예도) — humble
儀 (의/거동) — path
謙 (겸/겸손할) — manner
遜 (손/겸손할, 순할) — filial piety
恭 (공/공손할) — humble, gentle
敬 (경/공경) — polite
孝 (효/효도) — behavior
道 (도/길) — respect

2 예의(禮儀) : 예(禮) + 의(儀) = 예의 (manners)

겸손(謙遜) : 겸(謙) + 손(遜) = 겸손 (humility)

공경(恭敬) : 공(恭) + 경(敬) = 공경 (respect)

효도(孝道) : 효(孝) + 도(道) = 효도 (filial piety)

한자 성어 정답

1

대의명분(大義名分) — self-control and return to proper behavior
자기 통제와 올바른 행동으로의 회복

극기복례(克己復禮) — duties or morals one must uphold as a human
사람으로서 마땅히 지켜야 할 의무나 도리

겸양지덕(謙讓之德) — the virtue of humility
겸손의 미덕

2 1. 대의명분   2. 극기복례   3. 겸양지덕

87 선과 악(Good & Evil)

선(善)과 악(惡)이란 우리가 행동하고 생각할 때 바람직하고 착한 것과 나쁘고 해로운 것을 구분하는 개념이에요. 선은 다른 사람에게 도움을 주고, 서로를 존중하며 평화를 이루기 위해 노력하는 것을 뜻해요. 반대로, 악은 타인에게 해를 끼치거나 나쁜 행동을 통해 갈등과 문제를 일으키는 것을 의미해요. 우리는 선과 악을 구분하고 올바른 행동을 선택함으로써 더 나은 사회를 만들고, 서로에게 좋은 영향을 줄 수 있어요.

[관련 한자어]

선행(善行)   악의(惡意)   사악(邪惡)   인자(仁慈)

[관련 한자 성어]

살신성인(殺身成仁)   구밀복검(口蜜腹劍)   개과천선(改過遷善)

한자어 학습

1 주어진 한자어와 영어 단어를 알맞게 연결하시오.

한자어 (음/뜻)	영어 단어
善 (선/착할) •	• love
行 (행/다닐, 행할) •	• cunning
惡 (악/악할) •	• good
意 (의/뜻) •	• go, act
邪 (사/간사할) •	• evil
仁 (인/어질) •	• meaning
慈 (자/사랑) •	• benevolent

※ 간사하다 : 자기의 이익을 위하여 나쁜 꾀를 부리는 등 마음이 바르지 않다.
※ 어질다 : 마음이 너그럽고 착하며 슬기롭고 덕이 높다.

2 한자와 뜻이 같도록 빈칸에 알맞은 주어진 영단어를 넣으시오.

> wickedness   benevolence   good deed   malice

선행(善行) : 선(善) + 행(行) = 선행 (   )

악의(惡意) : 악(惡) + 의(意) = 악의 (   )

사악(邪惡) : 사(邪) + 악(惡) = 사악 (   )

인자(仁慈) : 인(仁) + 자(慈) = 인자 (   )

한자 성어 학습

1 주어진 한자 성어와 영어(우리말) 설명이 맞도록 연결하시오.

한자 성어	영어(우리말) 설명

살신성인(殺身成仁) •

구밀복검(口蜜腹劍) •

개과천선(改過遷善) •

• having words of honey, but a sword in the belly
말은 달콤하지만, 뱃속에 칼을 품고 있음

• correcting one's faults and becoming better
잘못을 고치고 더 나은 사람이 됨

• sacrificing oneself for righteousness
올바름을 위해 자신을 희생함

2 주어진 내용에 맞는 한자 성어를 빈칸에 알맞게 넣으시오. (한글만 작성)

살신성인(殺身成仁)　　구밀복검(口蜜腹劍)　　개과천선(改過遷善)

1. 수진이는 자기 잘못을 인정하고 바르게 행동하기로 했어요. (　　　　　　　　)

→ Sujin admitted her mistakes and decided to act better.

2. 지훈이는 어려운 상황에서 타인을 돕기 위해 자신을 희생했어요. (　　　　　　　　)

→ Jihoon sacrificed himself to help others in a difficult situation.

3. 민재는 겉으로는 친절해 보였지만, 속으로는 나쁜 마음을 품고 있었어요. (　　　　　　　　)

→ Minjae seemed kind on the outside, but had bad intentions on the inside.

한자어 정답

1

善 (선/착할)   love

行 (행/다닐, 행할)   cunning

惡 (악/악할)   good

意 (의/뜻)   go, act

邪 (사/간사할)   evil

仁 (인/어질)   meaning

慈 (자/사랑)   benevolent

2

선행(善行) : 선(善) + 행(行) = 선행 (good deed)

악의(惡意) : 악(惡) + 의(意) = 악의 (malice)

사악(邪惡) : 사(邪) + 악(惡) = 사악 (wickedness)

인자(仁慈) : 인(仁) + 자(慈) = 인자 (benevolence)

한자 성어 정답

1

살신성인(殺身成仁)   having words of honey, but a sword in the belly
말은 달콤하지만 뱃속에 칼을 품고 있음

구밀복검(口蜜腹劍)   correcting one's faults and becoming better
잘못을 고치고 더 나은 사람이 됨

개과천선(改過遷善)   sacrificing oneself for righteousness
올바름을 위해 자신을 희생함

2 1. 개과천선   2. 살신성인   3. 구밀복검

 88 진리(Truth)

진리(眞理)란 변하지 않고 항상 맞는 참된 이치를 말해요. 진리는 우리가 세상을 이해하고, 옳고 그름을 판단하는 기준이 돼요. 예를 들어 자연의 법칙이나 도덕적인 가르침처럼 모든 사람에게 통하는 진리가 있어요. 진리를 찾고 따름으로써 우리는 더 바른 삶을 살고, 서로를 이해하며 존중할 수 있어요. 진리는 우리에게 지혜를 주고, 삶의 방향을 알려주는 중요한 가치예요.

[관련 한자어]

진가(眞價)   자명(自明)   순리(順理)   불변(不變)

[관련 한자 성어]

만고불변(萬古不變)   당연지사(當然之事)   명약관화(明若觀火)

한자어 학습

1 주어진 한자어와 영어 단어를 알맞게 연결하시오.

한자어 (음/뜻)	영어 단어

眞 (진/참) •   • bright

價 (가/값) •   • not

自 (자/스스로) •   • truth

明 (명/밝을) •   • mild

順 (순/순할) •   • change

理 (리/다스릴) •   • value

不 (불/아닐) •   • govern

變 (변/변할) •   • self

2 한자와 뜻이 같도록 빈칸에 알맞은 주어진 영단어를 넣으시오.

> self-evidence   invariability   natural order   true value

진가(眞價) : 진(眞) + 가(價) = 진가 (　　　　　　　)

자명(自明) : 자(自) + 명(明) = 자명 (　　　　　　　)

순리(順理) : 순(順) + 리(理) = 순리 (　　　　　　　)

불변(不變) : 불(不) + 변(變) = 불변 (　　　　　　　)

한자 성어 학습

1 주어진 한자 성어와 영어(우리말) 설명이 맞도록 연결하시오.

한자 성어	영어(우리말) 설명

만고불변(萬古不變)　·

당연지사(當然之事)　·

명약관화(明若觀火)　·

· something naturally expected
　자연스럽게 예상되는 일

· something unchanging through the ages
　시대를 초월해 변하지 않는 것

· as clear as seeing fire
　불을 보는 것처럼 분명함

2 주어진 내용에 맞는 한자 성어를 빈칸에 알맞게 넣으시오. (한글만 작성)

> 만고불변(萬古不變)　당연지사(當然之事)　명약관화(明若觀火)

1. 태양이 동쪽에서 뜨는 것은 변하지 않아요. (　　　　　　　)

→ The sun rising in the east never changes.

2. 시험이 어려웠다는 것은 모두에게 분명했어요. (　　　　　　　)

→ It was clear to everyone that the test was difficult.

3. 노력하면 결과가 나오는 것은 당연해요. (　　　　　　　)

→ It is natural for effort to lead to results.

한자어 정답

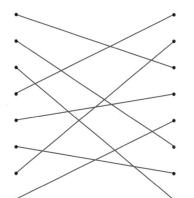

1
眞 (진/참) — truth
價 (가/값) — value
自 (자/스스로) — self
明 (명/밝을) — bright
順 (순/순할) — mild
理 (리/다스릴) — govern
不 (불/아닐) — not
變 (변/변할) — change

2 진가(眞價) : 진(眞) + 가(價) = 진가 (true value)

자명(自明) : 자(自) + 명(明) = 자명 (self-evidence)

순리(順理) : 순(順) + 리(理) = 순리 (natural order)

불변(不變) : 불(不) + 변(變) = 불변 (invariability)

한자 성어 정답

1
만고불변(萬古不變) — something naturally expected
자연스럽게 예상되는 일

당연지사(當然之事) — something unchanging through the ages
시대를 초월해 변하지 않는 것

명약관화(明若觀火) — as clear as seeing fire
불을 보는 것처럼 분명함

 2 1. 만고불변   2. 명약관화   3. 당연지사

89 책임(Responsibility)

책임(責任)이란 자신이 맡은 일이나 행동에 대해 끝까지 신경 쓰고 결과를 감당하는 것을 의미해요. 책임을 다하는 것은 약속을 지키고, 맡은 일을 성실하게 해내는 것으로부터 시작돼요. 친구와의 약속을 지키거나 가족, 학교에서 주어진 역할을 다할 때 우리는 책임감을 발휘할 수 있어요. 책임을 통해 우리는 신뢰를 얻고, 함께 더 나은 사회를 만들 수 있어요.

[관련 한자어]

사명(使命)   책무(責務)   담당(擔當)   부담(負擔)

[관련 한자 성어]

임전무퇴(臨戰無退)   책기지심(責己之心)   선패유기(善敗由己)

한자어 학습

1 주어진 한자어와 영어 단어를 알맞게 연결하시오.

한자어 (음/뜻)	영어 단어
使 (사/부릴) •	• life
命 (명/목숨) •	• handle
責 (책/꾸짖을, 직책) •	• strive, duty
務 (무/힘쓸, 직무) •	• scold, position
擔 (담/멜) •	• burden
當 (당/마땅, 맡을) •	• shoulder
負 (부/질) •	• suitable, charge

※ 마땅하다 : 행동이나 대상 따위가 일정한 조건에 어울리게 알맞다.

2 한자와 뜻이 같도록 빈칸에 알맞은 주어진 영단어를 넣으시오.

> one's duty   mission   burden   charge

사명(使命) : 사(使) + 명(命) = 사명 (   )

책무(責務) : 책(責) + 무(務) = 책무 (   )

담당(擔當) : 담(擔) + 당(當) = 담당 (   )

부담(負擔) : 부(負) + 담(擔) = 부담 (   )

한자 성어 학습

1 주어진 한자 성어와 영어(우리말) 설명이 맞도록 연결하시오.

한자 성어	영어(우리말) 설명

임전무퇴(臨戰無退)   •

• the heart of self-reflection and accountability
스스로를 반성하고 책임지는 마음

책기지심(責己之心)   •

• accepting responsibility even in defeat
패배하더라도 책임을 지는 것

선패유기(善敗由己)   •

• never retreating when facing a challenge
도전에 직면해 절대 후퇴하지 않음

2 주어진 내용에 맞는 한자 성어를 빈칸에 알맞게 넣으시오. (한글만 작성)

임전무퇴(臨戰無退)   책기지심(責己之心)   선패유기(善敗由己)

1. 수지는 심지어 실패한 후에도 책임을 다하려고 했어요. (   )

→ Suji took responsibility even after failing.

2. 지율이는 시합에서 어려운 상대를 만나도 끝까지 물러서지 않았어요. (   )

→ Jiyul did not back down even when facing a tough opponent in the match.

3. 소영이는 잘못을 인정하고 스스로를 돌아보며 반성했어요. (   )

→ Soyeong admitted her mistake and reflected on herself.

한자어 정답

1

使 (사/부릴)	handle
命 (명/목숨)	life
責 (책/꾸짖을, 직책)	scold, position
務 (무/힘쓸, 직무)	strive, duty
擔 (담/멜)	shoulder
當 (당/마땅, 맡을)	suitable, charge
負 (부/질)	burden

2 사명(使命) : 사(使) + 명(命) = 사명 (mission)

책무(責務) : 책(責) + 무(務) = 책무 (one’s duty)

담당(擔當) : 담(擔) + 당(當) = 담당 (charge)

부담(負擔) : 부(負) + 담(擔) = 부담 (burden)

한자 성어 정답

1

임전무퇴(臨戰無退)	never retreating when facing a challenge 도전에 직면해 절대 후퇴하지 않음
책기지심(責己之心)	the heart of self-reflection and accountability 스스로를 반성하고 책임지는 마음
선패유기(善敗由己)	accepting responsibility even in defeat 패배하더라도 책임을 지는 것

2 1. 선패유기 2. 임전무퇴 3. 책기지심

90 삶의 의미(Meaning of Life)

삶의 의미(意味)란 우리가 살아가는 이유와 가치를 찾고, 자신만의 목적을 이루며 행복과 성취를 느끼는 것을 말해요. 삶은 매일의 경험과 만남 속에서 다양한 감정을 느끼고, 꿈을 향해 나아가면서 깊어져요. 때로는 어려움이 있지만 이를 극복하고 성장하는 과정이 삶을 더 풍요롭게 만들어요. 우리는 서로를 돕고, 나눔과 사랑을 통해 삶의 의미를 더할 수 있어요. 삶은 우리가 만든 선택과 순간들이 모여 이루어진 귀중한 여정이에요.

[관련 한자어]

인생(人生)   역경(逆境)   운명(運命)   공존(共存)

[관련 한자 성어]

생사고락(生死苦樂)   인사유명(人死留名)   이청득심(以聽得心)

한자어 학습

1 주어진 한자어와 영어 단어를 알맞게 연결하시오.

한자어 (음/뜻)		영어 단어
人 (인/사람)	•	• together
生 (생/날)	•	• life
逆 (역/거스를)	•	• person
境 (경/지경, 상태)	•	• boundary, state
運 (운/옮길)	•	• reverse
命 (명/목숨)	•	• born
共 (공/함께)	•	• exist
存 (존/있을)	•	• move

※ 지경 : 나라나 지역 따위의 구간을 가르는 경계

2 한자와 뜻이 같도록 빈칸에 알맞은 주어진 영단어를 넣으시오.

> life   destiny   coexistence   adversity

인생(人生) : 인(人) + 생(生) = 인생 (　　　　　　)

역경(逆境) : 역(逆) + 경(境) = 역경 (　　　　　　)

운명(運命) : 운(運) + 명(命) = 운명 (　　　　　　)

공존(共存) : 공(共) + 존(存) = 공존 (　　　　　　)

한자 성어 학습

1 주어진 한자 성어와 영어(우리말) 설명이 맞도록 연결하시오.

한자 성어	영어(우리말) 설명

생사고락(生死苦樂) •

인사유명(人死留名) •

이청득심(以聽得心) •

• leaving a name behind after death
죽은 후에 이름을 남김

• life, death, suffering, and joy
삶과 죽음, 괴로움과 기쁨

• Listening carefully is the best way to win hearts.
잘 듣는 것이 사람의 마음을 얻는 최고의 방법이다.

2 주어진 내용에 맞는 한자 성어를 빈칸에 알맞게 넣으시오. (한글만 작성)

생사고락(生死苦樂)　인사유명(人死留名)　이청득심(以聽得心)

1. 수미는 선행을 많이 해서 친구들의 기억에 오래 남았어요. (　　　　　　)

→ Sumi is remembered by her friends for a long time for her good deeds.

2. 지민이는 주의 깊게 듣고 친구와 더 가까워졌어요. (　　　　　　)

→ Jimin listened carefully and became closer to his friend.

3. 가온이와 지호는 기쁨과 어려움을 함께 나누어요. (　　　　　　)

→ Gaon and Jiho share joys and hardships together.

한자어 정답

1 人 (인/사람)　　　　　　　　　　　　　　　　together
生 (생/날)　　　　　　　　　　　　　　　　　life
逆 (역/거스를)　　　　　　　　　　　　　　　person
境 (경/지경, 상태)　　　　　　　　　　　　boundary, state
運 (운/옮길)　　　　　　　　　　　　　　　reverse
命 (명/목숨)　　　　　　　　　　　　　　　born
共 (공/함께)　　　　　　　　　　　　　　　exist
存 (존/있을)　　　　　　　　　　　　　　　move

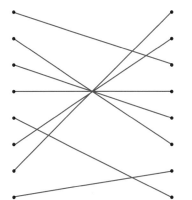

2 인생(人生) : 인(人) + 생(生) = 인생 (life)

역경(逆境) : 역(逆) + 경(境) = 역경 (adversity)

운명(運命) : 운(運) + 명(命) = 운명 (destiny)

공존(共存) : 공(共) + 존(存) = 공존 (coexistence)

한자 성어 정답

1 생사고락(生死苦樂)　　　　　　　　leaving a name behind after death
죽은 후에 이름을 남김

인사유명(人死留名)　　　　　　　　life, death, suffering, and joy
삶과 죽음, 괴로움과 기쁨

이청득심(以聽得心)　　　　　　　　Listening carefully is the best way to win hearts.
잘 듣는 것이 사람의 마음을 얻는 최고의 방법이다.

2 1. 인사유명　　2. 이청득심　　3. 생사고락

문해력 쑥쑥 (어휘편 ③)

부록

61 직업(Job)

직장(職場) : 사람들이 일정한 직업을 가지고 일하는 곳.

취업(就業) : 일정한 직업을 잡아 직장에 나감.

이직(移職) : 직장을 옮기거나 직업을 바꿈.

천직(天職) : 타고난 직업이나 직분.

면종복배(面從腹背) : 겉으로는 복종하는 체하면서 내심으로는 배반함.

무소불능(無所不能) : 무엇이든 잘하지 않는 것이 없음.

매관매직(賣官賣職) : 돈이나 재물을 받고 벼슬을 시킴.

---

62 소비(Consumption)

절약(節約) : 함부로 쓰지 아니하고 꼭 필요한 데에만 써서 아낌.

지출(支出) : 어떤 목적을 위하여 돈을 지급하는 일.

낭비(浪費) : 시간이나 재물 따위를 헛되이 헤프게 씀.

예산(豫算) : 필요한 비용을 미리 헤아려 계산함. 또는 그 비용.

근검절약(勤儉節約) : 부지런하고 알뜰하게 재물을 아낌.

견물생심(見物生心) : 어떠한 실물을 보게 되면 그것을 가지고 싶은 욕심이 생김.

황금만능(黃金萬能) : 돈만 있으면 무엇이든지 마음대로 할 수 있음을 이르는 말.

---

63 기업(Company)

경영(經營) : 기업이나 사업 따위를 관리하고 운영함.

사업(事業) : 어떤 일을 일정한 목적과 계획을 가지고 짜임새 있게 지속적으로 경영함.

경쟁(競爭) : 같은 목적에 대하여 이기거나 앞서려고 서로 겨룸.

자본(資本) : 장사나 사업 따위의 기본이 되는 돈.

전화위복(轉禍爲福) : 재앙과 근심, 걱정이 바뀌어 오히려 복이 됨.

권토중래(捲土重來) : 어떤 일에 실패한 뒤에 힘을 가다듬어 다시 그 일에 착수함을 비유하여 이르는 말.

수처작주(隨處作主) : 어느 곳이든 가는 곳마다 주인이 됨.

64 투자(Investment)

주식(株式) : 주식회사의 자본을 구성하는 단위. 주주의 출자에 대하여 교부하는 유가 증권.

거래(去來) : 주고받음. 또는 사고팖.

수익(收益) : 이익을 거두어들임. 또는 그 이익.

손실(損失) : 잃어버리거나 축나서 손해를 봄. 또는 그 손해.

승승장구(乘勝長驅) : 싸움에 이긴 형세를 타고 계속 몰아침.

타산지석(他山之石) : 본이 되지 않은 남의 말이나 행동도 자신의 지식과 인격을 수양하는 데에 도움이 될 수 있음을 비유적으로 이르는 말.

부화뇌동(附和雷同) : 줏대 없이 남의 의견에 따라 움직임.

65 무역(Trade)

계약(契約) : 관련되는 사람이나 조직체 사이에서 서로 지켜야 할 의무에 대하여 글이나 말로 정하여 둠. 또는 그런 약속.

수출(輸出) : 국내의 상품이나 기술을 외국으로 팔아 내보냄.

관세(關稅) : 관세 영역을 통해 수출·수입되거나 통과되는 화물에 대하여 부과되는 세금

통관(通關) : 관세법에 따른 절차를 이행하여 물품을 수출, 수입, 반송하는 일.

문호개방(門戶開放) : 출입에 제약을 두지 않고 누구든지 드나들도록 문을 열어 놓음.

이소역대(以小易大) : 작은 것을 큰 것과 바꿈.

매점매석(買占賣惜) : 물건값이 오를 것을 예상하여 한꺼번에 샀다가 팔기를 꺼려 쌓아 둠.

66 빈곤(Poverty)

결핍(缺乏) : 있어야 할 것이 없어지거나 모자람.

노숙(露宿) : 집 밖에서 자는 잠.

기아(饑餓) : 먹을 것이 없어 배를 곯는 것.

부족(不足) : 필요한 양이나 기준에 미치지 못해 충분하지 아니함.

호구지책(糊口之策) : 가난한 살림에서 그저 겨우 먹고살아 가는 방책.

무의무탁(無依無托) : 몸을 의지하고 맡길 곳이 없음.

궁부자존(窮富自存) : 가난하여 스스로 살아갈 수 없음을 이르는 말.

67 복지(Welfare)

주거(住居) : 일정한 곳에 머물러 삶. 또는 그런 집.

노인(老人) : 나이가 들어 늙은 사람.

아동(兒童) : 나이가 적은 아이. 대개 유치원에 다니는 나이로부터 사춘기 전의 아이를 이름.

후원(後援) : 뒤에서 도와줌.

장유유서(長幼有序) : 어른과 어린이 사이의 도리는 엄격한 차례가 있고 복종해야 할 질서가 있음을 이름.

무사안일(無事安逸) : 큰 탈이 없이 편안하고 한가로움. 또는 그런 상태만을 유지하려는 태도.

인재등용(人材登用) : 인재를 뽑아 벼슬을 시킴.

68 인권(Human Right)

존엄(尊嚴) : 인물이나 지위 따위가 감히 범할 수 없을 정도로 높고 엄숙함.

복지(福祉) : 행복한 삶.

자립(自立) : 남에게 예속되거나 의지하지 아니하고 스스로 섬.

박해(迫害) : 못살게 굴어서 해롭게 함.

천부인권(天賦人權) : 자연법에 따라 인간이 태어나면서부터 가지고 있는 권리. 자기 보존이나 자기 방위의 권리.

무불간섭(無不干涉) : 자기와는 상관도 없는 일에 공연히 간섭하고 참견하지 말라는 뜻.

자유재량(自由裁量) : 자기가 옳다고 믿는 바에 따라 일을 결정함.

69 범죄(Crime)

법률(法律) : 국가의 강제력을 수반하는 사회 규범. 국가 및 공공 기관이 제정한 법률, 명령, 규칙, 조례 따위.

처벌(處罰) : 형벌에 처함. 또는 그 벌.

범인(犯人) : 범죄를 저지른 사람.

수사(搜査) : 찾아서 조사함.

공명정대(公明正大) : 하는 일이나 태도가 사사로움이나 그릇됨이 없이 아주 정당하고 떳떳함.

유전무죄(有錢無罪) : 돈이 있으면 죄가 없다는 뜻으로 이르는 말.

일망타진(一網打盡) : 어떤 무리를 한꺼번에 모조리 다 잡음을 이르는 말.

70 차별(Discrimination)

제한(制限) : 일정한 한도를 정하거나 그 한도를 넘지 못하게 막음. 또는 그렇게 정한 한계.

편견(偏見) : 공정하지 못하고 한쪽으로 치우친 생각.

소외(疏外) : 어떤 무리에서 기피하여 따돌리거나 멀리함.

배제(排除) : 받아들이지 아니하고 물리쳐 제외함.

천차만별(千差萬別) : 여러 가지 사물이 모두 차이가 있고 구별이 있음.

내소외친(內疏外親) : 겉으로는 친한 체하면서 속으로는 멀리함.

고립무원(孤立無援) : 고립되어 구원을 받을 데가 없음.

71 기술(Technology)

창출(創出) : 전에 없던 것을 처음으로 생각하여 지어내거나 만들어 냄.

혁신(革新) : 묵은 풍속, 관습, 조직, 방법 따위를 완전히 바꾸어서 새롭게 함.

개발(開發) : 지식, 재능, 산업, 경제 따위를 발달하게 함.

공학(工學) : 공업의 이론, 기술, 생산 따위를 체계적으로 연구하는 학문.

격세지감(隔世之感) : 오래지 않은 동안에 몰라보게 변하여 아주 다른 세상이 된 것 같은 느낌.

천기누설(天機漏洩) : 중대한 기밀이 새어 나감을 이르는 말.

극악무도(極惡無道) : 더할 나위 없이 악하고 도리에 완전히 어긋나 있음.

72 창의력(Creativity)

구상(構想) : 앞으로 이루려는 일에 대하여 그 일의 내용이나 규모, 실현 방법 따위를 어떻게 정할 것인지 이리저리 생각함. 또는 그 생각.

기술(技術) : 사물을 잘 다루는 방법이나 능력.

특허(特許) : 특정인에 대하여 새로운 일정한 권리, 능력을 주거나 포괄적인 법령 관계를 설정하는 행정 행위

창안(創案) : 어떤 방안, 물건 따위를 처음으로 생각하여 냄. 또는 그런 생각이나 방안.

천의무봉(天衣無縫) : 완전무결하여 흠이 없음을 이르는 말.

변화무쌍(變化無雙) : 변하는 정도가 비할 데 없이 심함.

막상막하(莫上莫下) : 더 낫고 더 못함의 차이가 거의 없음.

🔞 컴퓨터와 인공지능(Computer & Artificial Intelligence)

분석(分析) : 얽혀 있거나 복잡한 것을 풀어서 개별적인 요소나 성질로 나눔.

응용(應用) : 어떤 이론이나 이미 얻은 지식을 구체적인 개개의 사례나 다른 분야의 일에 적용하여 이용함.

발달(發達) : 학문, 기술, 문명, 사회 따위의 현상이 높은 수준에 이름.

설계(設計) : 목적에 따라 실제적인 계획을 세워 도면 따위로 명시하는 일.

속전속결(速戰速決) : 어떤 일을 빨리 진행하여 빨리 끝냄을 비유적으로 이르는 말.

일신월성(日新月成) : 나날이 새로워지고 다달이 번성함.

박학다재(博學多才) : 학식이 넓고 재주가 많음.

🔞 스마트폰과 인터넷(Smartphone & Internet)

제작(製作) : 재료를 가지고 기능과 내용을 가진 새로운 물건이나 예술 작품을 만듦.

개통(開通) : 길, 다리, 철로, 전화, 전신 따위를 완성하거나 이어 통하게 함.

연결(連結) : 사물과 사물을 서로 잇거나 현상과 현상이 관계를 맺게 함.

편의(便宜) : 형편이나 조건 따위가 편하고 좋음.

각자도생(各自圖生) : 제각기 살아 나갈 방법을 꾀함.

무도지인(無道之人) : 도덕이나 원칙을 따르지 않는 사람.

유언비어(流言蜚語) : 아무 근거 없이 널리 퍼진 소문.

🔞 가상 및 증강현실(Virtual & Augmented Reality)

창조(創造) : 전에 없던 것을 처음으로 만듦.

도입(導入) : 기술, 방법, 물자 따위를 끌어들임.

혁명(革命) : 이전의 관습이나 제도, 방식 따위를 단번에 깨뜨리고 질적으로 새로운 것을 급격하게 세우는 일.

초월(超越) : 어떠한 한계나 표준을 뛰어넘음.

전도유망(前途有望) : 앞으로 잘될 희망이 있음.

천변만화(千變萬化) : 끝없이 변화함.

십인십색(十人十色) : 사람의 모습이나 생각이 저마다 다름을 이르는 말.

76 언어(Language)

발음(發音) : 사람의 모습이나 생각이 저마다 다름을 이르는 말.

방언(方言) : 어느 한 지방에서만 쓰는, 표준어가 아닌 말.

교환(交換) : 서로 바꿈. 서로 주고받고 함.

사전(辭典) : 어떤 범위 안에서 쓰이는 낱말을 모아서 일정한 순서로 배열하여 싣고 그 각각의 발음, 의미, 어원, 용법 따위를 해설한 책.

언중유골(言中有骨) : 말 속에 뼈가 있다는 뜻으로, 예사로운 말 속에 단단한 속뜻이 들어 있음을 이르는 말.

일언지하(一言之下) : 한 마디로 잘라 말함. 또는 두말할 나위 없음.

촌철살인(寸鐵殺人) : 한 치의 쇠붙이로도 사람을 죽일 수 있다는 뜻으로, 간단한 말로도 남을 감동하게 하거나 남의 약점을 찌를 수 있음을 이르는 말.

77 대화(Conversation)

화제(話題) : 이야기할 만한 재료나 소재.

설문(設問) : 조사를 하거나 통계 자료 따위를 얻기 위하여 어떤 주제에 대하여 문제를 내어 물음. 또는 그 문제.

회의(會議) : 여럿이 모여 의논함. 또는 그런 모임.

발언(發言) : 말을 꺼내어 의견을 나타냄. 또는 그 말.

자문자답(自問自答) : 스스로 묻고 스스로 대답함.

동문서답(東問西答) : 물음과는 전혀 상관없는 엉뚱한 대답.

불문가지(不問可知) : 묻지 아니하여도 알 수 있음.

78 쓰기(Writing)

필기(筆記) : 글씨를 씀. 강의, 강연, 연설 따위의 내용을 받아 적음.

작문(作文) : 글을 지음. 또는 지은 글.

논술(論述) : 어떤 것에 관하여 의견을 논리적으로 서술함. 또는 그런 서술.

요약(要約) : 말이나 글의 요점을 잡아서 간추림.

일필휘지(一筆揮之) : 글씨를 단숨에 죽 내리 씀.

거두절미(去頭截尾) : 머리와 꼬리를 잘라 버림. 어떤 일의 요점만 간단히 말함.

능문능필(能文能筆) : 글 짓는 솜씨와 글씨가 모두 능함. 또는 그런 사람.

㉟ 듣기(Listening)

청각(聽覺) : 소리를 느끼는 감각.

음성(音聲) : 사람의 목소리나 말소리.

청취(聽取) : 의견, 보고, 방송 따위를 들음.

음향(音響) : 물체에서 나는 소리와 그 울림.

세이공청(洗耳恭聽) : 남의 말을 공경하는 마음으로 귀담아듣는 것을 이르는 말.

충언역이(忠言逆耳) : 충직한 말은 귀에 거슬림.

청이불문(聽而不聞) : 듣고도 못 들은 체함.

㉠ 읽기(Reading)

어휘(語彙) : 어떤 일정한 범위 안에서 쓰이는 단어의 수효. 또는 단어의 전체.

문해(文解) : 글을 읽고 이해함.

음독(音讀) : 글 따위를 소리 내어 읽음.

요점(要點) : 가장 중요하고 중심이 되는 사실이나 관점.

위편삼절(韋編三絶) : 공자가 주역을 즐겨 읽어 책의 가죽끈이 세 번이나 끊어졌다는 뜻으로, 책을 열심히 읽음을 이르는 말.

독서삼여(讀書三餘) : 책을 읽기에 적당한 세 가지 한가한 때.

독서백편(讀書百遍) : 되풀이하여 몇 번이고 숙독하면 뜻이 통하지 않던 것도 저절로 알게 됨.

㉑ 목표 설정(Goal Setting)

도전(挑戰) : 정면으로 맞서 싸움을 걺. 어려운 사업이나 기록 경신 따위에 맞섬을 비유적으로 이르는 말.

계획(計劃) : 앞으로 할 일의 절차, 방법, 규모 따위를 미리 헤아려 작정함. 또는 그 내용.

의도(意圖) : 무엇을 하고자 하는 생각이나 계획. 또는 무엇을 하려고 꾀함.

단계(段階) : 일의 차례를 따라 나아가는 과정.

명명백백(明明白白) : 의심할 여지가 없이 아주 뚜렷함.

지성감천(至誠感天) : 무엇이든 정성껏 하면 하늘이 움직여 좋은 결과를 맺는다는 뜻.

초지일관(初志一貫) : 처음에 세운 뜻을 끝까지 밀고 나감.

82 성과(Achievement)

성취(成就) : 목적한 바를 이룸.

완수(完遂) : 뜻한 바를 완전히 이루거나 다 해냄.

실현(實現) : 꿈, 기대 따위를 실제로 이룸.

결실(結實) : 일의 결과가 잘 맺어짐. 또는 그런 성과.

고진감래(苦盡甘來) : 고생 끝에 즐거움이 옴을 이르는 말.

마부위침(磨斧爲針) : 도끼를 갈아서 바늘을 만든다는 뜻으로, 아무리 어려운 일이라도 끊임없이 노력하면 반드시 이룰 수 있음을 이르는 말.

정신일도(精神一到) : 정신을 집중하여 노력하면 어떤 어려운 일이라도 성취할 수 있다는 말.

83 변화(Change)

감화(感化) : 좋은 영향을 받아 생각이나 감정이 바람직하게 변화함. 또는 그렇게 변하게 함.

진보(進步) : 정도나 수준이 나아지거나 높아짐.

적응(適應) : 일정한 조건이나 환경 따위에 맞추어 응하거나 알맞게 됨.

개선(改善) : 잘못된 것이나 부족한 것, 나쁜 것 따위를 고쳐 더 좋게 만듦.

일신우일신(日新又日新) : 날마다 새로워지고 또 날마다 새로워진다는 뜻으로, 나날이 발전해야 함을 이르는 말.

환골탈태(換骨奪胎) : 사람이 보다 나은 방향으로 변하여 전혀 딴 사람처럼 됨.

대기만성(大器晚成) : 큰 그릇을 만드는 데는 시간이 오래 걸린다는 뜻으로, 크게 될 사람은 늦게 이루어짐을 이르는 말.

84 자기 계발(Self:Development)

노력(努力) : 목적을 이루기 위하여 몸과 마음을 다하여 애를 씀.

의지(意志) : 어떠한 일을 이루고자 하는 마음.

훈련(訓練) : 가르쳐서 익히게 함.

성숙(成熟) : 몸과 마음이 자라서 어른스럽게 됨. 경험이나 습관을 쌓아 익숙해짐.

분골쇄신(粉骨碎身) : 뼈를 가루로 만들고 몸을 부순다는 뜻으로, 정성으로 노력함을 이르는 말.

자강불식(自强不息) : 스스로 힘써 몸과 마음을 가다듬어 쉬지 아니함.

근신수양(謹身修養) : 부지런히 조심하며 자기 수양한다는 뜻으로, 개인의 성장과 발전을 위해 끊임없이 노력해야 한다는 것을 강조함.

85 시간 관리(Time Management)

일정(日程) : 일정 기간 해야 할 일의 계획을 날짜별로 짜 놓은 것. 또는 그 계획.

준비(準備) : 미리 마련하여 갖춤.

효율(效率) : 들인 노력과 얻은 결과의 비율.

집중(集中) : 한 가지 일에 모든 힘을 쏟아부음.

점입가경(漸入佳境) : 들어갈수록 점점 재미가 있음. 시간이 지날수록 하는 짓이나 몰골이 더욱 꼴불견임을 비유적으로 이르는 말.

함흥차사(咸興差使) : 심부름을 가서 오지 아니하거나 늦게 온 사람을 이르는 말.

일각천금(一刻千金) : 아무리 짧은 시간이라도 천금과 같이 귀중함을 이르는 말.

86 도덕(Morality)

예의(禮儀) : 존경의 뜻을 표하기 위하여 예로써 나타내는 말투나 몸가짐.

겸손(謙遜) : 남을 존중하고 자기를 내세우지 않는 태도가 있음.

공경(恭敬) : 공손히 받들어 모심.

효도(孝道) : 부모를 잘 섬기는 도리. 부모를 정성껏 잘 섬기는 일.

대의명분(大義名分) : 사람으로서 마땅히 지키고 행하여야 할 도리나 본분.

극기복례(克己復禮) : 자기의 욕심을 누르고 예의범절을 따름.

겸양지덕(謙讓之德) : 겸손한 태도로 남에게 양보하거나 사양하는 아름다운 마음씨나 행동.

87 선과 악(Good & Evil)

선행(善行) : 착하고 어진 행실.

악의(惡意) : 나쁜 마음.

사악(邪惡) : 간사하고 악함.

인자(仁慈) : 마음이 어질고 자애로움. 또는 그 마음.

살신성인(殺身成仁) : 자기의 몸을 희생하는 숭고한 행동.

구밀복검(口蜜腹劍) : 입에는 꿀이 있고 배 속에는 칼이 있다는 뜻으로, 말로는 친한 듯하나 속으로는 해칠 생각이 있음을 이르는 말.

개과천선(改過遷善) : 지난날의 잘못이나 허물을 고쳐 올바르고 착하게 됨.

88 진리(Truth)

진가(眞價) : 참된 값어치.

자명(自明) : 설명하거나 증명하지 아니하여도 저절로 알 만큼 명백함.

순리(順理) : 순한 이치나 도리. 또는 도리나 이치에 순종함.

불변(不變) : 사물의 모양이나 성질이 변하지 아니함. 또는 변하게 하지 아니함.

만고불변(萬古不變) : 아주 오랜 세월 동안 변하지 아니함.

당연지사(當然之事) : 일의 앞뒤 사정을 놓고 판단할 때 마땅히 그렇게 하여야 하거나 되리라고 여겨지는 일.

명약관화(明若觀火) : 불을 보듯 분명하고 뻔함.

89 책임(Responsibility)

사명(使命) : 맡겨진 임무.

책무(責務) : 직무에 따른 책임이나 임무.

담당(擔當) : 어떤 일을 맡음. 어떤 일을 맡아서 하는 사람.

부담(負擔) : 어떠한 의무나 책임을 짐.

임전무퇴(臨戰無退) : 전쟁에 나아가서 물러서지 않음을 이름.

책기지심(責己之心) : 스스로 제 허물을 꾸짖는 마음.

선패유기(善敗由己) : 일의 성공과 실패는 자기 자신의 행동 여하에 달려 있음.

90 삶의 의미(Meaning of Life)

인생(人生) : 사람이 세상을 살아가는 일.

역경(逆境) : 일이 순조롭지 않아 매우 어렵게 된 처지나 환경.

운명(運命) : 앞으로의 생사나 존망에 관한 처지.

공존(共存) : 두 가지 이상의 사물이나 현상이 함께 존재함. 서로 도와서 함께 존재함.

생사고락(生死苦樂) : 삶과 죽음, 괴로움과 즐거움을 통틀어 이르는 말.

인사유명(人死留名) : 사람은 죽어서 이름을 남긴다는 뜻으로, 사람의 삶이 헛되지 아니하면 그 이름이 길이 남음을 이르는 말.

이청득심(以聽得心) : 귀 기울여 경청하는 일은 사람의 마음을 얻는 최고의 지혜라는 말.

한자와 영어 어휘를 동시에 익히는
문해력 쑥쑥 [어휘편] ③

초판 1쇄 발행 2025년 01월 24일
지은이 신영환, 정고을
발행인 최영민
발행처 피앤피북
인쇄제작 미래피앤피
주소 경기도 파주시 신촌로 16
전화 031-8071-0088
팩스 031-942-8688
전자우편 hermonh@naver.com
출판등록 2015년 3월 27일
등록번호 제406-2015-31호

ISBN 979-11-94085-33-1 (73700)